超实用家庭教育秘籍

时间管理有办法

〔法〕埃马纽埃尔·阿梅 / 著

李顺 / 译

CNS | 湖南少年儿童出版社·长沙
HUNAN JUVENILE & CHILDREN'S PUBLISHING HOUSE

图书在版编目（CIP）数据

超实用家庭教育秘籍. 时间管理有办法 / （法）埃马纽埃尔·阿梅著；李顺译.—长沙：湖南少年儿童出版社，2024.7

ISBN 978-7-5562-6784-2

Ⅰ.①超… Ⅱ.①埃… ②李… Ⅲ.①家庭教育 Ⅳ.①G78

中国国家版本馆CIP数据核字（2023）第163395号

超实用家庭教育秘籍·时间管理有办法

CHAO SHIYONG JIATING JIAOYU MIJI·SHIJIAN GUANLI YOU BANFA

总 策 划：周 霞		策划编辑：吴 蓓	
责任编辑：吴 蓓		特约编辑：娄紫璇	
营销编辑：罗钢军		内文排版：雅意文化	
质量总监：阳 梅			

出 版 人：刘星保

出版发行：湖南少年儿童出版社

地　　址：湖南省长沙市晚报大道89号（邮编：410016）

电　　话：0731-82196320

常年法律顾问：湖南崇民律师事务所　柳成柱律师

印　　刷：湖南立信彩印有限公司

开　　本：889 mm×1194 mm　1/32　　印　张：8.75

版　　次：2024年7月第1版　　　　　 印　次：2024年7月第1次印刷

书　　号：ISBN 978-7-5562-6784-2

定　　价：37.80元

感谢谁呢？

感谢诸位女士——

感谢摩曼等了这么久，看我把东西收拾好……我还没有完全搞定呢！

感谢布里吉特让我度过了一个个不眠之夜，我很享受写书的乐趣。

感谢娜塔莉的友爱和中肯的建议。

感谢弗洛斯带给我的一切。

感谢奥雷莉如此信任我！

感谢琪琪妈妈对我近日来未能保持联系的理解……

感谢诸位男士——

感谢爸爸一直都如此信任我……尽管您并不这么认为！

感谢我的先生成为第一个被打脸的男性读者……我知道有些章节你看后肯定会感到有些尴尬！

同时，向以下朋友致歉——

瓦卢、苏菲、达米安、菲利普、吉尔、杰拉蒂娜、帕特里克、皮埃尔、维吉妮以及贝卡塞姆先生，很抱歉，近几个月来怠慢了你们！

特别致辞！

谨以此书献给爱孩子胜过世间一切……表现并非总是那么完美（其实人们早就发现了），因为有爱而一直勇往直前的妈妈们！

献给恨不得把孩子、老公扔出窗外，却深知他们是自己"人生的动力所在"的妈妈们，以及认为自己永远无法改变，却仍然阅读本书的妈妈们！

献给我的父亲、母亲，希望我老了以后也像他们一样！

更要献给我那聪明可爱、诙谐幽默还富有亲和力的孩子们！

最后，献给我那已成为好"妈妈"的先生！

目 录

前　言

致全体妈妈——

如果您还没有小孩，或是想当个快乐无忧的孕妈；如果您既无幽默感，也不会嘲讽……那么，本书可能会让您感到不适，头皮发麻！

但是，如果您想在冰箱几乎空空如也，而11岁的儿子又从学校里带了5个口干舌燥、饥肠辘辘的小伙伴到家的时候，自己还能保持最佳状态；或者丈夫没有提前3周通知，就邀请他的"顶头上司"来家里聚餐畅谈……那么，本书可以救您于水火！

致全体爸爸——

如果您很讨厌伴侣唠叨，又或者您是个大男子主义者，在家时不愿动弹也不愿搭把手……那么，本书可能也会让您感到些许不适！

相反，如果您乐意探索妈妈们的真实生活，愿意去了解妻子所承受的一切（无论居家与否！）……那千万别错过本书！

"亲爱的！你确定他是咱家的娃儿？"

"咱家的户口本放哪儿啦？"

第一章

时间都去了哪里？

▼▼▼▼▼▼▼

导语

请说明阅读本书的理由：

A. 您是我的家人

B. 不知道如何安置孩子

C. 书是婆婆"送"的，
   并且明天她要过来吃晚饭

D. 正处于焦头烂额不知所措的状态中

E. 无具体原因

无论何种情况，请看本书指导。

"生活多美好!"

我出生在 20 世纪 70 年代!

我出生时,母亲正年轻,父亲则是个文艺青年,可能那个时候文艺青年正流行吧。我在无忧无虑的环境中长成了一个亭亭玉立的阳光少女。

刚满 4 岁的我很不爱收拾房间,在第 25 次拒绝收拾时,父亲恼了。他把我的玩具全部收走,放到了漂亮的吊顶上!

当时的我一反常态不哭不闹,定定地望向父亲,嘴角带着一丝嘲讽的笑容,不服气地说道:"反正我不在乎。娃娃已经被我灌满了水,它正在天花板上撒尿呢!"

我想就是在那一刻,父母亲就意识到压根不要指望我这么个小家伙整理内务了。

接下来便是爱情的到来。穿着银色盔甲的"王子"骑着白色骏马来到我的身边,我发现我们有许多共同语言和相似的人生观、价值观、世界观。虽然偶尔也会争吵，但最后总是会相互包容，重归于好。我和"白马王子"花了一段不短的时间恋爱，在这个过程中逐渐认识彼此。

接着就有了求婚，再后来是那场梦寐以求的婚礼。婚礼上，我穿上了洁白无瑕的婚纱，浑身洋溢着幸福的气息，而我的他俊朗如斯，充满魅力。父母、亲朋满心欢喜，未婚闺蜜们满眼祝福。

婚后，曾经的白马王子很快就变成一个没有太多要求的人。尽管如此，他还是会期待：如果能把衬衫熨烫好就不错了……冰箱装满，那当然更好……如果您总是面带笑容，那再好不过了！生活嘛，就是这样！

我一直梦想拥有一场完美的婚礼，也曾梦想有朝一日有个咿咿呀呀、粉嫩可爱的小宝贝躺在自己的怀里露出天使般的笑容……在这个美妙的时刻，人们会说我在孕产期和哺乳期肯定被照顾得很好，我的小可爱很快就长成了漂亮的小家伙，到处乱跑，嬉笑闹腾，所到之处乱糟糟的——但是我很开心。

想要做好就得从现在开始！

但是……

我没学过如何为人父母，婚前也没有进行过专门的超级女主人内训，如今却要管理家里的四个孩子（我把老公也算在内）、一只猫、三条金鱼，顺带还有一份可以"放松"的工作——监督孩子写作业、准备好饭菜端上桌、提醒孩子刷牙、给孩子讲故事、提醒孩子睡前上厕所、哄睡……一切结束后已经晚上10点多了，这时候才算是我难得的平静时光！

您的生活会杂乱无章吗？

杂乱无章是指事物原本摆放得井井有条，后受到外界影响而变得混乱的局面。要是您不太理解这个词，我相信下面这些词可以告诉您一些信息：

杂乱、凌乱、混淆、缺乏逻辑、不守纪律、混乱、一塌糊涂、乱七八糟、错乱、慌乱、无组织、错综复杂、堆放杂物的地方、纠缠、纷乱、层叠交织、杂物堆、嘈杂、乱糟糟的地方、混乱、乱七八糟的东西、堆在一起、糟糕。

对我们影响最大的不是"小乱子"本身，而是它带来的溢出效应！当运动协会突然要求提供四张证件照和居住证明来给大儿子办理会员手续，小女儿却生病了，而老二又吵着要去公园玩，此刻老公带着灿烂的笑容（他不负责接孩子放学、辅导孩子写作业等）回到家里问："今晚你给我们准备了什么好吃的？"是的，这种压迫感让我喘不过气来。

您家情况如何？

克拉拉，29岁，育有一个孩子（4岁）

周一晚上，19∶30

室内刷着白墙，简单装点了几件彩色的饰物，但是家中整体风格非常简洁。她经常邀请朋友来家里共进晚餐。她丈夫是位精力旺盛的年轻高管，为了证明自己，每天很晚才回家。克拉拉也回家很晚。万幸的是，自从宝宝出生后，他们就找到了一位称职的保姆来照顾孩子和打理家务。然而，这天晚上保姆告诉夫妇俩，她已经找了另外一户人家！并且，这个周末她就会离开。

半个月后

周五下午，17：30

缩短工作时长是件很开心的事，因为这天晚上她丈夫想到了一个"好主意"，那就是邀请自己的老板来家共进晚餐。

自从保姆走后，屋子里到处都是脏衣服，冰箱几乎空空如也。好在宝宝一放学回家就睡着了……此外，为了给孩子报幼儿园和兴趣班，克拉拉不得不找各种报名资料，填写一张又一张报名表，向不同的人转账缴费！总之，她的世界正在坍塌！

但她的朋友凯茜是如何做到早上不慌不忙送孩子上学的呢？

凯茜，42 岁，育有四个孩子（年龄分别是 15 岁、12 岁、8 岁和 6 岁）

周一早上，8：40，凯茜送完孩子从学校回来。

凯茜的孩子生活得很幸福，非常擅长社交，经常去小伙伴家里玩！但是，这天早上凯茜看起来有些憔悴。小女儿在上学前刚刚提醒凯茜，说她有一次郊游活动，需要妈妈帮她准备野餐的食物。这次郊游很早以前就计划好了。

参加活动时来几块蛋糕和一包薯条，对 6 岁的孩子来说是个完美均衡的搭配！幸好小女儿最要好的朋友和她同班，那个女孩的妈妈总是准备得很周到！

娜塔莉，38 岁，育有两个孩子 （一个 6 岁，一个 4 岁）

周一上午，11：00，娜塔莉正站在超级大卖场的乳品区和洗涤用品区之间。

为什么她总是忘记拿放在客厅桌上的购物清单？

"洗涤剂已经买了，巧克力味酸奶正在搞促销，想买……给我拿这个，我要了！"

好吧，看来马上结束购物有些困难。还有 4 天时间可以准备，他们家有 25 口人，只有孩子喜欢巧克力！

她敢肯定那份清单上有极为重要的东西……但是，是什么呢？

也许是吃的吧！算了，来看看超市的冰柜里有什么！

为什么我会变成现在这样？

不，千万不要认为："我天生就是如此！没时间！不喜欢整理收纳。我妈以前和我一个样……我可不愿意像婆婆那样天天擦地板！"**这可不行！**

大家都是出于同样的原因才会变成现在这样。我们只要稍微放纵一下，啪！好像被施了黑魔法一样，孩子们的房间就乱得像狗窝。孩子和丈夫除了负责把桌子摆好，或把衣服放进合适的脏衣篮，其实还可以被安排干点别的，而且可以做得很好。

总之，要想成功就得化身为企业家！

因为您得把家办成一个真正的中小企业。人们通常以员工人数来衡量公司规模，我却发现带一个孩子比带四个孩子更容易让人吃不消。

成为优秀企业家的首要素养就是要懂得授权，但这并不意味着放任自流。授权的意思就是要给您的孩子（还有丈夫）一个逐渐独立的机会。

不过，家里乱七八糟也有一定的好处！

· 可以避免不必要的"与朋友聚餐"的开支，以后也不会有这项开支了。

· 我们不会花时间去寻找根本找不到的东西！

· 这对保护地球有好处，可以节约能源。

· 周末就是用来收拾残局，或把浪费在家庭琐事上的时间补回来，不然还能干什么？

跟我学……

最好的开始就是现在！

培养一个好习惯要不了一个月！

总是在同一个地方查看消息！（马上回复处理！）

收拾杂乱物品（放进箱子、盒子或篮子里……）

然后慢慢收拾……

每个星期皆如此！

女士们！

分拣……扔掉……分拣……扔掉……分拣……扔掉……扔掉……

每天做一点，天天如此。

因为我不是一个人住，所以没必要逼迫自己把活儿全部包揽！

第二章

那就开始吧！

导语

要让自己变得有条理,您得等:

A. 母鸡长牙齿

B. 在家再也动弹不了

C. 猴年马月

D. 终于准备好了

E. 丈夫来干家务(是的,好吧,
   嗯……怎么跟您说呢……我想
   这是可能的!)

无论何种情况,请看本书指导。

恰当的时机!

一年当中只有一个日子能进行组织规划,倘若不幸错过了这个日期,您将永远安排不好。这个日子就是 2 月 31 日!

如果我们在元旦节的时候做规划,那太冷了。一月份,"我做了一个重大决定"这样的话说了太多。到了春天开始大扫除,就不想再干别的,待到夏天又该度假了!

其实到最后就是为了给自己的不作为找冠冕堂皇的借口。估计大家都听过这句老话:"江山易改,本性难移!"那我们试着证明它的说法有误吧。

我现在就可以向您保证:根本就没有所谓的合适的时间可以用来好好规划生活!

一个家庭总会有几个关键时期，比如说学校开学。要是能做到随机应变，您就能更容易开展新活动。

养成好习惯

首先，我们要慢慢来，但是要坚持下去！

事实上，您要培养一些习惯。

我要提醒您的是，混乱是男人的专属，而女人不同，女人要有好习惯！

习惯是指通过不断重复相同的行为而获得的一种行为倾向。

养成习惯后，约束也就消失不见。人们通过循序渐进地学习和重复，将生活中的小细节转化为无意识行为，最终让生活变得更轻松。

要知道，养成一个习惯（无论是好的还是坏的）用不了一个月。

要做到这一点，必须先问自己一个问题。不是问什么时候开始，而是问从哪里开始。

不要因为工作繁重而气馁。我从来没有说过所有的事情都要在一个小时内完成，而您却花了数周、数月，甚至数年来处理这些乱七八糟的事情！

"别这样做，别那样做……"诸如此类，喋喋不休！

一开始出发点都是好的，但是收藏那么多东西就为了未来某天"万一"用得上，那太疯狂了。

比如，心血来潮"打算自制有机果酱"，所以保存了 40 个空果酱瓶和番茄酱罐……保存着家用电器的包装箱，就因为搬家时收拾起来比较方便。问题是，现在根本就不用急着搬家！

还有就是下面这些不知从哪里冒出来的不切实际的想法：

· 等到终于有足够多的时间可以在家里做某件事！

· 设一个布告栏，用来张贴各项安排和重要事项的便利贴，结果上面到处是小家伙的涂鸦或是爱人的情话——之前想得太美了！

• 花时间列出琐事的紧急事项清单，这些清单会迫使大脑再次筛选出哪些是真正紧急的，哪些不是，然而清单列在了准备扔掉的信封上。

• 把盘子放在橱柜的最上面。如果孩子们不帮忙摆桌子，那您只能怪自己了！

• 和孩子们一起去购物，这样的话，至少他们会选择自己喜欢的东西，您也不用晚上为吃什么而烦恼。这可是个严重的失误，您要保持镇定，同时在离开商场或超市前联系银行经理解冻您在各个账户上的资金。

• 认为比常规包装要大一倍的大罐促销装更经济实惠，但是很快发现它并未维持以往两倍的时间，而是消耗得比之前快了一倍！

还有，请不要使用"必须……""我必须……""必须要……"等字眼。因为一旦您没做好该做的，这些词语就会令你充满罪恶感。

凌乱的角落

不知道您是否已注意到，除了屋内四处散落的纸张，乱糟糟的还有我们的思绪。我们的生活里充斥着一些不该存在的东西。

刚开始时这些东西还很小，装在瓷盆里、厨房右边的抽屉里……也没有真正打扰到我们。随着时间的推移，这些东西就多了起来，和其他一些无用的东西加在一起便更加引人注目。

到最后您就会发现家里堆满了各种不知名的玩意儿。

首先扫视一下屋子并确定"重点区域"。仔细想想，"重点区域"其实也就那么几个。

· 比如玄关放钥匙的地方，还放着 15 天前更换下来的断了的保险丝。如果不是保险丝，那就是其他什么东西！

· 客厅的茶几上放着上周和朋友喝酒时用到的杯垫，还有电视杂志。茶几有最近三个月的电视杂志，却从来没有本周的！

接着看下去……

· 卧室的床头柜上放着一杯几天前倒的水、上周看完的一本书和现在正在看的书，以及不知道哪个电子设备的充电器。我差点忘了，还有那瓶没盖好盖子的护手霜！

- 办公桌上面的东西太多了，实在没法一一列举！

- 如果您很不幸，家里还有一个"小吧台"，那您可以在那里轻松地找到空气清新剂、用吸尘器打扫卫生后落下的几块玩具积木、一些名片和一两个忘了拆的快递盒！

总之，列完这个勉强详尽的清单后，接下来就看您的了……

您得改变这种凌乱不堪的状态！

为此，我们需要做一些小小的改变。

运用您"专业分拣员"的新天赋，在玄关处安一个漂亮的柳条筐来接收每天扔来的乱七八糟的东西。如果家里有楼梯，可以在第一个台阶上放一个白铁盘（比较轻！），把所有需要搁置的东西都放在里面——当然是由第一个走楼梯的人放。吧台上，家里有多少人就放多少装饰罐在上面：这样一来，每个人都能找到自己的小玩意和其他东西。我首先想到的是您 5 岁的女儿在街上捡到的鹅卵石！

总之，得把乱七八糟的东西归置在一起，这样周末就可以在很短的时间内把它们收拾好。

把孩子们叫来，让他们把各自的东西都带回房间。芭比娃娃最终会找到它丢失的鞋子，而大儿子（我的大儿子已经 13 岁了）可以看他先前丢失的小说了（可怜的孩子）！

"分拣 / 扔掉"之舞

有人会学跳街舞或者广场舞。而今天我要给大家带来的是"分拣 / 扔掉"之舞！现在我们要进行强化训练了……

一周挑一天来收拾"重点区域"，您通常会在那里放几个收集杂物的容器（箱、筐、盆）。

仔细观察这个物品

问题："我是否真的需要？"

如果回答"是"：从现在开始整理！

犹豫不决……

如果回答"否"：现在就把它扔掉！

还是犹豫不决……

太晚了，我还是要把它扔掉！

我所说的"扔掉"是指回收、送给朋友或慈善机构、拿到跳蚤市场卖掉、以物易物或在网上卖掉赚取零花钱。最后一个处理方式，就是扔进垃圾桶或垃圾处理中心。

只要稍加练习，您就会喜欢上"分拣 / 扔掉"之舞，这支舞会在家里流行起来，因为家里其他人很快就会明白它的真正用意。全家人就像被施了魔法一样，即使没有把屋子整理得干干净净，但至少能更好地收拾各自的烂摊子！

当然，总有一些东西既无用而您又出于心理或玄学等原因无法摆脱，毕竟……

对于这些物品，我建议您把它们装进一个盒子里封起来，并在盒子外面标上日期。到了年底如果还没有用到这个盒子里的东西，那就可以把盒子整个扔掉了！

而且，我相信您甚至连那里面放了什么东西都不记得了。所以毫不留情地扔掉吧！

　　　　有人认为，"分拣 / 扔掉"对净化家居环境很重要并且非常有益。毕竟能够从无用之事中抽身而出，尤其能够承认它无用，就是智慧的开始啊。

还是要注意一下，别太过了：

如果发现猫咪不喜欢待在垫子上，就不要随手扔掉箱子（因为猫咪喜欢待在箱子里）……

完美主义者的一天

如果我是完美主义者，那么，看看我的一天将会如何度过吧。

闹钟刚响，我嗖的一下从床上跳下来，然后跑到浴室里洗个热水澡，水浇在双脚上促进血液循环。（是的，我确实说过"如果我是完美主义者！"）

026 | 时间管理有办法

洗完澡后穿上前一天晚上睡觉前精心挑选的衣服，再轻轻地叫醒孩子和丈夫。我准备早餐的空档，家里其他成员陆续穿上昨晚我为他们准备好的衣服，并且迅速洗漱完毕。

上桌吃饭啦！吃完早餐后，每个人收拾自己的碗筷并放到洗碗机里。凡是放不进洗碗机的都要立刻洗干净并收起来。给水槽喷上神奇喷雾并用湿海绵和软布擦拭来让它闪闪发亮。

启动洗碗机开始洗碗。当其他人在穿鞋和外套的时候，我正好有时间从烘干机里拿出前一天晚上放进去烘干的衣物。每个人都不闲着！

晚上，我会检查作业、写批语、记笔记。在我准备本周食谱上的饭菜时，孩子们自己去浴室，大的照顾小的一起洗澡。运气好的话，丈夫已经回家了！孩子们洗完澡穿上了睡衣，负责摆桌子的人待会儿就不用收拾桌子。吃过晚饭，大家上楼刷牙、上床睡觉，我拿上海绵和魔法喷壶擦洗浴室、洗脸池和马桶，把第二天要用的东西拿出来，亲吻一下孩子们（想讲故事的时候给他们讲个故事！）。晚安，宝贝！

等洗碗机把盘子、碗等清洗干净后，我会用海绵擦洗水槽并把厨房扫干净，然后把第二天做早餐的物品提前拿出来。睡觉前，把脏衣服放在篮子里，如果篮子满了就把衣服一起拿到洗衣机里去清洗。而且我从来不会忘记拿出第二天要穿的衣服，因为我是完美主义者！

但是，人无完人

迄今为止，我一直都在提示您如何处理烦琐的家务。要知道，如果任由"重点区域"无人管理，堆积起来的"不明物体"很可能会有70厘米厚。这要归功于家庭其他的活跃成员：他们会逐渐养成习惯，把自己不知道（或者说不愿）放在该放的地方的东西都堆在那堆"不明物体"上。

现在开始踏踏实实地干每天都要干的活儿，逐步进行新的安排并养成一些新习惯。

首先，在家里选一个您乐于保持干净整洁的地方（仅作为开始）。这个地方要能让其他家庭成员轻松看到。

我想这个地方应该是厨房的水槽。

如果能坚持清洁水槽，您很快就会发现，不仅烤盘和盘子不会再挡住好不容易透进厨房的光线，而且家里的其他成员也不太好意思把他们的脏杯子放在亮洁如新的水槽里。

就算他们敢把您精心擦洗过的水槽弄脏，您也有权利命令他们尊重您的劳动成果！

同时，他们还会慢慢养成使用一个叫"洗碗机"的魔力机器来收拾他们的盘子的习惯……不错吧！

每天坚持做一点，比集中到一起一次做完要好！

只要感觉准备好了，就努力去培养一个新习惯吧！

> 要重视规律性。在恰当的时机做些小的改变可以节省时间。

譬如，每次去浴室时带上一块海绵（正常情况下是每天！），或者每天在孩子们睡觉前或自己洗完澡后给淋浴房喷点清洁液进行擦洗。这样的话，就可以省去给淋浴间除垢的烦琐劳动啦！

最理想的情形莫过于：

早上出门时厨房光洁美观，卫生设施干净如新，卧室床铺收拾整齐。

晚上睡觉前，碗碟都已清洗和收拾完毕，第二天要用的物品也已取出，早餐也准备得差不多了——牛奶因为要保持新鲜，所以必须放冰箱！

记住，顶多一个月就能养成一个习惯！

家庭成员管理

您还应该让家庭的其他成员参与进来，每天给他们安排任务，让大家逐渐养成一些好习惯。

比如，给您 8 岁的大儿子安排清洗浴室洗脸池的任务，这样他就会知道如何保卫自己的领地，对付从不"好好把牙膏盖拧上"的人！

家务游戏之"疯狂的挑战！"

小时候的我特别喜欢乱扔东西，妈妈深知这一点，于是她找到了一个非常实用的方法，可以把我房间里的各种无关物品都清理出来，或者干脆鼓励我参与到家务劳动中去，这个方法便是：

• 3分钟内，把要扔掉的东西都扔到垃圾桶内，能装多少装多少。

• 尽量在5分钟内把餐具摆好！

• 找出14种房间里用不上的物品！我们一起把它们收起来。

我以前一直喜欢玩这个游戏，这个方法确实管用！

为了纪念我的妈妈，我建议您也可以这样做。当然，您也可以发明一些新的家务游戏！

现在您已经掌握了如何收拾屋子，将水槽打理得熠熠生辉，把不需要的东西扔掉，并且开始让全家都参与进来！

我为您自豪!

鲍里斯·维昂的《进步悲歌》现在仍然适用(真的只是略作修改):

一个拖把,

三两钢丝球。

油污净,

环保配方防过敏。

洗洁精,

香喷喷。

喷雾剂,

除异味!

洗碗布,

有花香。

吸尘袋,

扫帚放户外!

第三章

大扫除

商家推介的产品

没必要破费去买 100 多件所谓的必备用品。实际上，为了诱导人们购买商家推介的产品，广告公司可谓使出浑身解数，还拍摄了极具吸引力的广告片。比如，电影《黑客帝国》中的冲锋队队员走上电视荧屏，提着密码箱，携带新式武器执行洗厕所的"任务"，这个"新式武器"就是洁厕剂！哇，可真有创意！

您能想到，法国真人秀节目中的两名"宅男女神"几经辗转、多番努力去寻找最"脏"的家庭，其实只是为了做产品宣传吗？商家和广告公司把自己装扮成专家，然后给出各种产品建议：抗菌喷雾、防尘喷雾、防污布、防垢泡沫、防刮擦膏、绿色海绵、粉色海绵、黄色海绵、蓝色海绵……差点忘了，还有擦拭布：多面可用，窗户玻璃专用，可以用来刮擦、除尘、复合地板专用……总之，擦拭布唯一做不了的事情就是泡咖啡！

　　他们这么卖力"招呼"，其实都是为了让我们消费！然而，我们真正需要的又有哪些呢？

基本用品

- 厨房操作台和浴室台面用的消毒剂
- 地板清洁剂
- 洗洁精
- 洗衣液
- 玻璃清洁喷雾
- 洁厕剂
- 海绵
- 扫帚和拖把
- 桶
- 吸尘器

......

有了它们，家庭卫生几乎可以全部搞定。当然，最好还是先统筹规划好摆放这些用品的地方。毕竟要穿过好几个门才能拿到卫生间盥洗盆专用喷壶的人，是肯定不会经常打扫卫生间的。

人们更愿意用随手可拿到的物品

因此，我们可以在浴室、厨房和洗衣房里备好海绵。有多少个水槽和盥洗盆，不妨配多少个喷壶。请放心，吸尘器的话，一个就够了！为了节省打扫卫生的时间，记得带好所需物品。

厨房

- 喷雾式漂白水、厨房消毒剂
- 地板专用产品（最好是适用于所有地板的！）
- 扫帚和拖把
- 两块海绵（要经常更换！）
- 洗洁精
- 洗碗机专用洗涤剂
- 玻璃清洁剂

浴室

- 消毒剂
- 海绵
- 扫帚和拖把
- 厕所清洁用品
- 淋浴房和浴缸用软水剂
- 用来清洁玻璃和镜子的玻璃清洁剂

洗衣间（或是放洗衣机和烘干机的房间）

- 洗涤用品
- 衣物去污剂
- 软化剂或衣物柔顺剂
- 海绵
- 盥洗盆洗涤剂

其他房间

- 家具清洁喷雾
- 玻璃清洁剂
- 木质家具专用蜡
- 吸尘器

以保障儿童安全为基本原则

·始终将有毒物品放在高处
·切勿将危险品倒入常用瓶内（如
矿泉水瓶、饮料瓶等）

现在的流行趋势是制造昂贵的清洁用品，并且偏向于一次性产品，以至于产生了越来越多的垃圾。这样一来，地球将会变得垃圾遍地！

一开始，每次购物时我们都会比对商品的价格再选择购买。慢慢地，我们开始意识到自己的日常行为将会对地球产生影响，因此，我们在购物时会越来越看重产品的环保性。再过一段时间，我们对"耐用品"这个词就不会再陌生了。

要摆脱先入为主的观念，经济实惠的同时也可以生态环保！建议您穿越时空回到过去，看看酒精醋的功效，它也叫"白醋"或"水晶白醋"。我们的曾祖母就很喜欢使用它，并不仅仅因为她们手头上没有任何化学合成的超级活性氧清洁剂。白醋的主要原料是大米、高粱等淀粉质原料，还有什么比这些更天然？

经济实惠的白醋，有许多功效！
浴室

替代漂白清洁剂的神奇喷雾：由 1/3 的白醋、2/3 的水和 10 滴橙子、柠檬、桉树或薰衣草精油混合而成（总之，您可以选择其中一种精油或全部品种的精油来试用）。

这种神奇的喷雾可以擦亮镜子、镀铬的水龙头和淋浴头，以及浴室家具和洗脸池，去除浴缸中的霉菌和肥皂残留，还可以消除水龙头里的水垢。

要去除花洒头里的水垢，只需将一杯白醋倒入 1 升很热的水中，静置 20 分钟后冲洗花洒头。就这样简单！

厨房

可以用神奇的醋剂喷雾来清洁操作台、灶具和部分电器（记得避开大理石和其他多孔石材）。

用白醋可以清洁冰箱和除异味。将白醋和水等量稀释，并用海绵蘸取进行擦洗。

清洁微波炉时，可在一碗水中倒入半杯白醋放入微波炉转 3 分钟，然后不要直接打开门，先静置 10 分钟左右。接下来要做的就是擦拭，粘在内壁上的食物残渣在蒸汽的作用下会变松动。而且白醋还可以除臭。

如果您在和朋友一起吃晚饭前不幸发现玻璃杯没擦干净，您只需要拿点白醋过来喷一喷，然后用洁净的干布擦一擦就可以了！

水龙头有了这种神奇喷雾，竟然不可思议般闪闪发光！用白醋软化 10 分钟后，水垢就会在这种天然软水剂的作用下被溶解，而市面上的软水剂每瓶几十元，还不一定好用！

清洁洗碗机时，与其买洗碗机专用清洁粉末，不如试试在洗碗机底部倒入两杯白醋。想要好闻的话，可以在里面滴 5 滴柑橘精油再启动洗碗机。您会再一次感谢老祖先的智慧的！

白醋是一种很好的除垢剂，可以用来清洗脏的咖啡壶和水壶。先倒进半杯白醋，再加上水，然后晃动壶身，最后用清水冲洗三次。加油！

用白醋制的神奇喷雾喷几下就能给垃圾桶除臭，还能清洁垃圾桶的底部——您知道的，那里总是滴水，因为垃圾袋动不动就破了！

准备好一顿香味扑鼻的饭菜后，厨房里会弥漫着油烟味，这时可以倒一杯白醋到锅里并加满水，不盖锅盖煮沸腾后再煮十来分钟……届时各种气味就会消失。

洗衣房

白醋还有柔顺衣物的功效。在一杯白醋里滴入4滴柑橘或薰衣草精油，然后将其倒入洗衣机，这样可以让水不那么硬，从而保护洗衣机，还能让衣物散发香味！

您鼓足勇气开始用熨斗（蒸汽孔已完全堵死）熨烫衣服，不曾想黑色T恤上到处都是熨烫过后的白色水垢。万幸有白醋的存在！在熨斗的水箱中注入等量的水和白醋，然后将熨斗调到"蒸汽熨烫"状态并持续3分钟，直至有蒸汽从孔中逸出。随后用清水冲洗水箱。这样熨斗就可以再次为您服务了！

白醋还可以去除牛仔布或棉布上的一些污渍。用海绵蘸白醋擦拭咖啡渍、茶水渍、墨水渍、化妆品痕迹、果酱渍，或者是孩子们裤子膝盖上那些讨厌的碎草汁痕迹……然后将衣物放进洗衣机里浸泡几个小时，就可以去除衣物上的顽固污渍。

儿童房

由于白醋是从天然产物中提取出来的，所以它是可以食用并且可被生物降解的，对小孩和环境无害，但对细菌有害。因此，它是儿童玩具最好的清洁剂（小孩子总是喜欢将他们找到的东西塞进嘴里）。

带上您的神奇喷雾，在门把手上喷几下，在家具上喷几下（当然了，别喷在使用时间不足20年、由贵重木材制成的漂亮衣柜上）。尿布台周围也喷一下，这样就可以赶走细菌了！

还有整个屋子……

您的朋友——白醋可以清除地毯上的污渍。但是在用之前，仍然需要在地毯的不显眼处先试一下，我可不想您和丈夫因为地毯的事而大吵一架……

说到丈夫，他肯定会送花给您。我不知道是否存在这种情形——花瓶上满是印子……嗯！喷一点白醋在上面，花瓶又可以用来插花了！而当您在家养花时，喷壶的水里加少量的白醋再混合一汤匙糖，会让鲜花娇艳欲滴并且延长它们的花期。

行动起来吧

法国有句谚语："勤奋者一周有7个今天，懒惰者一周有7个明天。"

筹划组织（这是一个让人不快的词！）

如果您急匆匆一头扎进家务活里，还自言自语道"全部都得做完"，并为此失去一下午的闲暇时光，那么这对您来说肯定是个灾难，您会提前累得要命的，所以您得先制订一个计划。

有些妈妈有全职工作，有些妈妈做的是兼职，有些妈妈在家办公……从来就没有什么标准方案能让所有妈妈都满意！所以，您要制订适合自己的方案，因为这么做真的很值得！

准备几页纸、一支笔、一杯咖啡或一杯茶……果汁也可以！给自己提一些好的问题，并将答案写在纸上。我知道这听起来有点傻，我也是这么想的。但是这么做真的很管用！

干家务，是早上好还是晚上好

如果不用早起干家务，那就不用从早上6：45就开始给自己疯狂地施加压力！

我最讨厌在家里做的事情是什么

您若对此毫无概念，这里可以提供一些思路：
- 熨衣服
- 收拾床底下、走廊里，或者藏在梳妆台后面的脏东西
- 购物

· 准备食谱

好吧，我想我已经帮到您了！

但是您只能选择一项……我说过：选择您最讨厌做的事！

什么时候可以落实一项计划

干家务是项工作。您必须像准备约会那样确定目标然后进行规划！

如果您能每周找出8次，并且每次15分钟的时间来落实计划，这可要比一次做两个小时要好。现在您对家务已经了解得差不多了，接下来要做的就是对自己家的需求做个总结。

既然不能一次性干完所有的家务，以免把自己搞得筋疲力尽，那么我建议您分区域安排家务。

1.门厅、客厅

2.厨房、厕所

3.儿童房、浴室

4.父母房

5.洗衣房

然后，详细列出每个房间（不要偷懒）需要定期干的家务活，使之一目了然。尤其是要注明每一项活动花的时间（不用精确到十分之一秒）！

比如第一部分：门厅、客厅

门厅

· 把散落的小杂物收拾起来（可放入靠墙的桌子上的筐里）：30秒。

· 把衣服用衣架挂起来收进衣橱或是挂在衣帽架上：1分钟。

· 把鞋子收起来放好：30秒。

· 擦镜子：5分钟。

· 把家具擦干净：30秒。

· 用吸尘器或扫帚打扫卫生：5分钟（很大很大的门厅）。

· 擦地板（不包括地毯）：5分钟。

如果我计算得对的话，应该是……17分30秒！

客厅

· 把茶几收拾整齐：30 秒。

· 将书刊和遥控器放在沙发旁边收纳用的盒子里：30 秒。

· 擦玻璃：15 分钟（毕竟不是每周都要擦）。

· 除尘：10 分钟。

· 用吸尘器或扫帚打扫卫生：5 分钟。

不擦玻璃的话，16 分钟！全部加起来得花 31 分钟！

所有可由其他家庭成员做的小事将映入你的眼帘，像书刊和遥控器，完全可以让丈夫在睡觉前照管好它们！

与其把孩子们的外套放在衣柜里的衣架上，不如摆放一个和孩子们身高差不多的衣帽架，这样的话孩子们回家后就可以自己把衣服挂在上面。

把那些还没有成为习惯的家务活记在另一张纸上，这将是您今后养成习惯的资源宝库。

小小的提醒

习惯，此处用来指能够若无其事地做家务，脑海里已经没有"杂事"的概念……

接下来，您只需要在固定的日期（开始之前先确定打扫各个区域的具体日期）将这个区域彻底整理完。

将记录纸小心保存，它能帮您开启新生活！在不断完成这些家务活的过程中，您会发现您将做得越来越快。每天在各个区域进行整理和做家务的时间均不用超过20分钟！

我差点忘了。我不想看到屋子里的纸张到处乱放。您快去弄个漂亮的文件夹，里面有纸套，这样就可以把您的家务计划表放进去。渐渐地，您就会养成新的习惯（这就是成功的秘诀）。它是您在做家务的过程中不知不觉养成的！

晚上的好习惯能让您早上郁闷的心情烟消云散

早上

- 穿上前一天晚上挑选好的衣服
- 给各个房间通风
- 把被子铺平，整理床铺
- 早餐吃完后，把能放进洗碗机的东西都放进洗碗机，记得启动机器
- 用海绵擦拭台面和水槽
- 用扫帚清扫厨房
- 刷完牙后，用清洁喷雾刷洗脸池和厕所
- 启动洗衣机
- 出门倒垃圾

晚上

- 把钥匙、包、外套、鞋子收拾好
- 给孩子们洗澡
- 找出第二天要穿的衣服
- 把早上洗好的衣服晾起来或是放进烘干机内
- 准备好饭菜，必要时清空洗碗机

　　·快速清洁厨房、操作台，清洗放不进洗碗机的餐具

　　·用清洁喷雾清洗厕所

　　·把脏衣服收到一起放到洗衣机旁

　　·将干衣服叠好，需要熨烫的衣服放在一边

　　·检查日程表，安排明天的工作

　　·把衣服从烘干机里拿出来

　　您已经学会了厘清头绪，辨别屋内的真正需求，分解一周的家务以免把自己累死，并且打算培养一些新的习惯。不错！

　　但是，如果不能彻底处理好洗衣服这件棘手的事，又何谈家务？相信我，您不是唯一一个这么想的人。

啊……家里的脏衣服

　　我承认，最让我紧张头大的，就是洗衣服！

在这里，您可以听到洗衣服时碰到的一些问题。首先是收集床底下、抽屉柜下、玩具箱里或运动包（几天没打开过）里的脏衣物。然后，必须努力地将衣服分类：白色、黑色、彩色……这还是需要花点时间的。更要把"有味道"的衣物挑出来！然后，把裤子膝盖上的各种顽固污渍去除掉！

最美妙的时刻就是透过玻璃门看衣服在洗衣机里转动……把衣服挂起来或者从洗衣机里取出来放进烘干机里烘干，这是项新活计。您以为这样就可以了？还有更糟糕的情况在等着您呢，那就是：熨烫衣服！

看看我的小窍门

分类

我准备了两个脏衣篮：一个放浅色衣物，一个放深色衣物。使用规则已经给家人解释清楚了。当然，一开始的时候有过几次"失败"，后来孩子们发现脏衣篮是处理脏衣服的最佳场所就变得非常积极，真的太疯狂了！

对了，如果孩子们的裤子、毛衣只穿了一天并且没有太多污渍的话，没必要把它们放进脏衣篮。当然，内衣也要放进脏衣篮！

对脏衣物进行分类后，您只需快速检查一下，这样做省时省力。

衣物去污

"妈妈就像仙女一样……您是仙女妈妈！"几个月前，当我把洗干净的毛绒玩具递给5岁半的女儿时，她这样对我说道。

幸运的是，仙女妈妈们有一些小妙招来去除毛绒玩具和衣服上的顽固污渍。以下就是我们这些仙女妈妈时常要面对的污渍！

绿色的草渍

用浸泡了白醋、酒精的布擦拭。对于精致的面料，最好在衣服不显眼的地方先试一下。

口香糖

只需用冰块擦拭被粘到的部位。冰块的冰冷可以使口香糖变硬，然后用刀刃轻轻刮掉即可。

果汁、果渍、葡萄酒渍

先用冷水冲洗，再涂上香皂搓洗，然后冲洗。

如果这样还不行，就用由等量的白醋和水制成的混合液浸泡被污染的部位。待混合液作用片刻后再进行搓洗。

请避免用盐清洗这些污渍，因为盐能固定住葡萄酒中的色素而不是溶解它们！

油渍

油渍刚刚沾染上：立刻用冷水冲洗，然后在有油渍的地方抹上香皂搓洗！不要用热水，因为热水会将油脂软化分解后固定在织物上！

油渍不是刚沾染上的：只需用2/3的冷水和1/3的酒精制成的混合液浸湿抹布后擦拭污渍，待其起作用后再冲洗。

少量血渍、蛋液、糖渍

沾染上述污渍后立即清洗，可以更容易去除污渍，如果做不到，至少要在污渍干透之前清洗！只需将织物浸泡在冷水里，然后用香皂进行搓洗（不要用热水，否则会将污渍烫熟留在织物上，无法再去除）。

记号笔和圆珠笔留下的污渍

还是要尽快清洗！用干布或吸水纸擦拭沾染的部位来吸收油墨，然后用白醋（又是它！）或90%浓度的酒精擦拭污渍。

最重要的是，不要用水！否则这些污渍就再也洗不掉了！

洗涤
您知道"洗衣机绑架袜子事件"吗？

是的！到处都发生过这样的事！妈妈们被这个祸害吓得连话都不敢说（可能是害怕报复），而"内政部"又无能为力，也没有心理分析师来治疗"偷窃成癖"的洗衣机，那就只剩下一个解决途径：洗衣袋！但是用来洗真丝内衣的洗衣袋不要用来洗袜子。此外，还可以把装袜子的洗衣袋挂在脏衣篮旁边。人们不会想到，孩子们可能有把袜子悄悄塞进去的想法……记得把洗衣袋封好再放进洗衣机内！

趁着这段时间，去把半年前就只剩下一只的袜子扔进垃圾桶（也可以留下3到4只用来擦鞋）。

针对洗衣服的友好建议

把衣服放进洗衣机之前，先检查一下口袋。您应该不想看到一张纸巾和一堆深色衣服在洗衣机里一起转动带来的后果，更不用提硬币滑进过滤网堵塞机器了。

新买的漂亮红色毛衣在第一次洗之前，要先用热水冲洗一下袖口（不要用太多水），然后用白布擦干。如果白布没有染色，说明这件毛衣可以和其他彩色衣物混洗。如果白布染色了，那还是手洗吧！

从第一次洗涤家用织物开始，水温不要超过衣标上标明的最高温度。水温达到 60 ℃ 或 90 ℃ 时用慢速洗涤，以最大限度降低漂亮的全新被套缩水的风险。

衣物请勿超重，以确保高效洗涤并防止织物起皱。洗涤一结束，迅速将衣物从洗衣机中取出。先将衣服抖一抖再好好地抻一抻。

"小黑裙"很适合您，而如果您不希望"小黑裙"越洗颜色越淡，最好选择快速程序、低温洗涤，并且少用洗涤剂。

床上用品要成套一起洗。一起洗是指一起晾晒一起存放，这样在换床单的时候才能更容易地找到它们！

哦！ 有机织物光洁如新

超市里也售卖一些有用的洗涤用品。我特别喜欢洗衣球！

洗衣球是真正的"洗衣女工"——它在洗涤的各个阶段，从各个方向拍打、搅拌和移动衣服。衣服洗出来的效果更好，也更柔软！

洗衣球能提高洗涤的质量，因此可以节省购买洗涤用品的费用。您可以将洗涤剂和柔顺剂的用量减半，并经常用这种经济实惠的方式洗涤衣物。是谁说洗衣机的快洗程序就意味着洗衣时间更短、省水省电？要知道洗衣机的大部分用电都是用在加热水上。

我认为洗衣球表现还不赖！人们可以在手机购物软件、互联网上找到它们的身影，而且它们肯定也会出现在超市的货架上。

一个小建议送给没买到洗衣球的朋友：用颜色

单一的高尔夫球代替。最好是白色的高尔夫球，至少它们不会染色！

· 我们来谈谈无患子这种长在树上的环保洗涤剂。

几个世纪以来，印度人和尼泊尔人一直使用无患子来洗涤衣物，它是无患子树（*Sapindus saponaria*）的果实。无患子是一种纯天然洗涤剂，它的外壳含有皂苷：有了它，就不再需要其他洗涤剂了！我们只需要放 4 到 5 颗无患子到一个小棉袋里，然后和衣物一起洗即可。水在加热的过程中将无患子中的皂苷释放出来——水温越高，皂苷的活性越强。重复使用 2 至 3 次后，果仁变软并不再含有皂苷，此时就要进行更换。

· 那些爱好"自己动手，丰衣足食"的人，可以看看下面提供的一个自制洗涤剂秘方。

首先研磨 125 克优质的香皂到大碗中，并烧开 3 升水。而后浇少量开水在碎香皂上并用力搅拌直至其完全溶解。往香皂液中滴入 5 滴薰衣草精油或柠檬精油，然后把它倒入一个 3 升的壶（用完了的洗涤剂容器）里，最后将剩余的热水加进去。放凉的过程中时不时晃动一下壶身。此时自制洗涤剂会呈凝胶状（如果凝结得太硬，那肯定是因为香皂过量，这时可以把壶身放到很热的水中进行软化）。

使用前摇动壶身使香皂剂充分混合。正确的剂量是一台机器每次倒一杯。

在柔顺剂分配盒里还得倒上半杯上好的白醋，这样才算环保！由于醋能去除肥皂和洗涤剂的碱性，衣物会变得更加柔软，还会散发出宜人的香味。

晾晒
烘干机

烘干机的好处是毋庸置疑的，它可以为您节省宝贵的时间，毕竟不是每个人都能幸运地生活在一个常年天气很好的地区。

使用建议：

- 一般来讲，一起洗的衣服也可以一起烘干。
- 转速越高，烘干速度越快，越节约能源。
- 和用洗衣机一样，为防止起皱，用烘干机时衣物重量和体积不要超标，烘干结束后要迅速取出，将还略带热气的衣物抻一抻再仔细折叠起来。

• 切勿将以下衣物放入烘干机：未甩干的衣服、毛料服装、针织品、尼龙紧身衣、含弹性纤维的纺织品以及所有精细的织物，如高级真丝内衣！

• 要想让衣服芳香，可以在湿布上滴几滴薰衣草精油（或是您喜欢的任何气味的精油），然后把湿布放进烘干机！

• 要想去除衣服上的静电，应该把一块用白醋浸泡过的布加上几滴精油后放到烘干机里的衣服中。芳香精油可以让衣服散发清香（芳香精油的种类可以自行选定，而醋的味道在烘干的过程中会消失）。

• 某些烘干机配备了衣物防皱模式。烘干程序结束后，机器会自动旋转使衣物恢复蓬松并去除褶皱。

• 如果家旁边或者购物的地方有洗衣房，您可以在出门的时候就带上湿衣服。那里的机器容量还是很大的！您启动机器，然后趁机出去买东西，回来时衣服就已经干了。我一个闺蜜最喜欢的地方就是洗衣房，因为她可以在那里安静地看上半个小时的书！

晾衣绳、折叠式晾衣架、多层式晾衣架、双翼式晾衣架……或取暖器

传统都丢失了。以前，女儿是从母亲那里学习如何正确地挂衣服。这是一种向他人展示亲密关系的方式。那时候必须好好学习晾衣服，来向人们证明她们在做正确的事！除了这些考虑，正确晾晒衣服还能节省熨烫的时间。请跟随我的脚步！

要缩短晾晒时间，方便熨烫，那么挂衣前应先将衣服抖一下。衣服挂起来的时候，记得用夹子固定，以免被风吹走。晾衣绳或晾衣架上不要挂太多衣服，因为衣服需要空气来吹干。

不好好抻开的衣服会变得比较皱，而且容易变形。

・T恤要头朝下倒着挂起来。Polo衫不用倒挂，可以正常抻开晾晒，衣领扣上扣子以防变形。

・衬衫也要从下面抻开，扣上最下面的纽扣并夹上三个夹子，中间夹一个，两边各夹一个。这样挂上后，衬衫在风中飞舞，就不会起褶皱。

・裤子要从裤脚抻开。裤脚要比裤腰干得快，因为裤腰总是比较厚，哪怕是小号的裤子！

・床单抻平并对折，若是没折正的话就有可能

变形！

- 裙子要从腰带处撑开晾晒。
- 毛衣要平铺着晾晒。

折叠、熨烫衣物

如果衣服是风干的，那么衣服取下来后一定要平放，然后找时间熨烫。要是有一个好熨斗，那么熨烫衣服就会变得更轻松。不过，最好的方式还是要在衣服还没有完全干的时候从反面熨烫——以免在衣服上留下烫痕。同时要注意将电熨斗调到通用标识所指示的温度。尽管如此，根据我的经验，很少有人会这么做……主要是因为时间不够！

如何让熨烫变得更轻松？

我想不出有什么能比一边熨衣物一边看电视机更棒的了。熨烫一直持续到节目结束，时间一点都没浪费！（如果某天丈夫觉得妻子不够迷人而做出嫌弃的表情，那么妻子适当拒绝熨烫衬衫就很有必要了！）

闺蜜悄悄话

不这样的话，还有另外一个办法，可惜这需要一些物流保障……这个办法就是邀请闺蜜带上她们的熨衣板和衣篮到家里来喝咖啡。没有什么比一个小时的闺蜜闲聊更有效率！

还有一个计划，什么时候来个熨衣酒吧聚会？

无论人们如何讨厌熨烫衣物这件事，您都得干！好在衣物烘干机的出现让人们慢慢看到了希望的曙光……

从烘干机里取出衣服后我会叠起来。毕竟只有一半衣服需要熨烫！所有的衣服都要这么叠一遍：牛仔裤（用力拉伸裤腿）、T恤衫（折好）……原因很简单，衣服叠好后，我几乎不用再熨烫了。

不管怎么说，瞧瞧孩子们把衣服给弄的！特别是男孩子……

小窍门

一人一摞！熨衣服或叠衣服时，我会将衣物按归属分类。丈夫一摞，我一摞，每个孩子一摞，还有一摞是家居织物……这样的话，我还能多点时间用在整理上。

终极大招

您可以在网上找到一份专做家政服务的中介机构名单。和直接雇用一个人相比，与中介机构合作有何不同之处？中介机构会办理好所有的手续，如果这个清洁女工不适合您，您完全可以要求再换一个。

如果恰好能腾出一点预算，那就寻求专业人士的帮助吧。虽然很奢侈，但时间就是金钱，您只要把需要熨烫的东西留给熨烫的人就好……即使有人帮忙，您也需要做好规划，因为喜欢熨烫手帕和茶巾的可不止您一人！

把熨烫的衣服先分类：放在上面的是紧急并且

需要您协助完成的，放在下面的是不太紧急的。在紧急情况下，必须熨烫很多衣服的话，就把不紧急的那堆衣服先收起来。

当然啦，如果您的丈夫能当家庭主男，这将会是个非常有趣的解决方案，而且是免费的。可惜，这种情况非常少见！

万物皆有其时

不得不说，在衣物分类、使用机器和熨烫衣服当中，我们每天都要面对的就是衣物！

下面是我的计划表：

孩子们洗完澡后，开启洗衣机。第二天早上，在吃早饭和送孩子们上学的空当把前一天晚上洗好的衣服晾起来。下班回家后把衣服放进烘干机烘干。因为刚从烘干机里拿出来的衣服还是热乎乎的，我要做的就是当孩子洗澡时将漂亮干净的衣服叠好放进卧室。剩下需要熨烫的衣物，留到晚饭后再进行熨烫。

周五早上（这个日子是我选的，其实周一也可以）睡醒后，我会把家里的床单、被套、枕套都从床上撤下来，然后扔到洗衣机里！

傍晚回家后给孩子们重新铺好床，床已经透气了一整天。（时间允许的话，可以把窗户打开！）幸运的话，丈夫会在周五晚上帮忙铺我们的大床，让床铺看起来清新干净！

周六全天要把洗好的床上用品烘干，然后用整个周日把它们熨烫好！这件 15 分钟，那件 15 分钟……简直不要太多！由于我花了些时间把床单折叠好再铺开，所以熨烫起来超级方便！

确定行动计划：

• 盘点一下哪些可以叠起来，哪些需要熨烫。

• 在一周之内，把衣服从烘干机里拿出来后要折叠整齐并收好，并挑选出孩子要穿的衣服。

• 盘算一下机器的使用频率。

• 您是早上的时间多，还是晚上的时间多？这会帮您安排好使用机器的时间，以及折叠和收放衣物的时间。

• 确定熨烫日期——孩子没在身边！根据熨烫

日期来规划使用洗衣机和烘干机的时间。

万物各归其位！

衣服

　　别担心，我不会让您因为平均每年买 3 条可爱的小黑裙而感到内疚，也不会问您买了多少颜色的时髦平底鞋，因为我也没好到哪里去。这样的鞋子我买了白色、黑色、米色和红色，就像妈妈那样！

　　一方面要抵制服装店的诱惑，另一方面又要舍弃衣柜里堆积如山的衣服，我知道这很难。更何况孩子们的衣柜里还收着他们的第一件睡衣、第一床被子、第一双靴子、穿小了的内裤、破了洞的袜子，还有被年幼的孩子藏起来防止大孩子来偷拿的奥特曼卡片或公主卡片！

　　您完全可以将宝贝们第一次穿或用的物品收藏起来。只需把它们用纸箱收起来，贴上标签然后放到您的婚纱旁，一起收到阁楼里或壁柜的深处……不要和日常要穿的衣服放一块儿！

穿小了的衣服

为了几个月后生的宝宝而留着4岁女儿的衣服，这一点用都没有。首先，漂亮的百褶裙肯定不会适合小男孩！其次，孩子不一定在同一个季节出生。您有没有想过，花时间把盒子里的东西标记好了，结果5年后您还没能再用上（孩子还没出生呢）！那个时候您的衣服品位还和现在一样吗？

儿童衣物分类小窍门

壁橱底部摆放一个打开的纸箱，用来放太小的、有污渍的、有破损或脱线的衣物。这样装满以后再送给慈善机构时会很方便，或是把不能回收利用的扔掉。

成人衣物分类

嗯，其实方法完全一样！一个垃圾袋装要扔掉的衣物，一个纸箱装要送人的衣物。

要扔掉的衣物

有破洞的、脚跟磨破的袜子，抽丝的连裤袜，白色变成灰色的内衣，再也扣不上的文胸……污损、变形、破旧的衣服。

可以送人的衣物

已经一年没穿的衣服！我知道，这很难……毕竟这些衣服很有女人味，所以您才买的，可是如果您穿不上了，那这些就是自己不会再穿的衣服！您还可以把不符合自己风格的衣物送出去。

家庭主妇也好，商界女强人也好，尽管穿的衣服不一样，但这并不妨碍您貌美如花。如果实在不知道怎么整理衣柜，可以叫上朋友一起，她会坦率直言。一般来说，这个法子很管用！

要给壁橱减负，请遵循这个原则："要放一件进来，就拿一件出去！"

家用织物也要分类

每个人家里都有几套脱线的被套、松松垮垮的床罩、皱巴巴起毛的粗毛巾，还有满是破洞、破旧得好久都没拿来擦过东西的抹布。然而，这些织物都是您日常生活的一部分。选择适合自己的织物和用品，用柔软的毛巾精心呵护身体，躺在舒适的床上……

壁橱不要过多地装东西

一张床只需两套床上用品即可。最好给小宝宝多准备一条床单，以备夜间不时之需！

洗脸毛巾每周都要更换。可以安排当天清洗，当天晒干或烘干。如果家里有烘干机，毛巾烘干后马上叠起来就会变得很柔软！

抹布每天都要更换。7块抹布，有备无患。

春秋季节整理收纳方案

如果厌倦了8月中旬看到滑雪服，找泳衣时冬天的羽绒服掉在旁边，那就去买整理收纳袋吧！最好是那些配备了真空抽吸系统的密封袋。

有些收纳袋密封好后可以收在一个盒子里以便堆放。但在装入整理箱之前，需要进行分类。

药品柜

说到这，我们一起来看看您家的药品柜。尽管药柜里满满当当，但是一旦遇到家人生病的情况，药品柜可能帮不上什么大忙。

找出要装进一个塑料袋的药品：

· 过期药品。

· 盒内只有两三片药的抗生素。

· 没有包装的药品。

· 打开已超过 15 天的各类滴剂（如耳道滴剂、鼻腔滴剂）。

· 外包装日期已被抹去以及没有药品说明书的药物。

然后将袋子带给药剂师。

药品收集

因为药品不同于其他产品，必须避免任何误摄入的风险，尤其是儿童误服的风险，而且药品可能污染环境。回收的药品要放进焚烧炉中销毁，以将其转化为能源。

在药柜里预留一个儿童用药的地方，以便和成人用药分开存放。这样，出现紧急情况时您能做出更快的反应，降低不恰当给药的风险。

儿童用药及医疗用品包括:

- 温度计
- 亲水棉
- 医用无菌纱布
- 一瓶 70% 浓度的酒精
- 一把镊子
- 一把圆头剪刀

- 创可贴

- 一次性纸巾

- 各种规格的敷料

- 一瓶无刺激性杀菌剂

- 一支防治跌打损伤的药膏

- 一瓶止痒膏

- 一支烧伤膏

- 一瓶防蚊虫叮咬霜

- 一盒止泻药

- 一盒止吐药

- 一瓶止咳糖浆

- 一瓶滴鼻液（新的！）

- 多颗退烧药

- 如果住在乡村，准备一个毒液抽吸器

根据孩子的身体素质和状况，家用药品常备清单可能会更长（如准备晕车药、防过敏药或者是防止宝宝红屁股的药）。

应急小包

和孩子们一起外出散步时不妨准备一个小包，里面装上以下物品以备不时之需：

1. 抗菌湿巾（因为它用起来更方便）
2. 儿童卡通创可贴

常备的成人药品中，必须要有：

- 一盒或一瓶消炎药
- 一盒或一瓶止痛药
- 一支温度计
- 抗酸药（防治胃部灼伤）

我知道妈妈们似乎很少生病，但是有备无患嘛！

至于其他的小伤口，可以去儿童常备药中找些创可贴或纱布过来贴上。但是，即便您再着急用，也千万别碰孩子们的卡通创可贴！

最后，如果您和我一样有一"窝"孩子（不止一个），为了帮您厘清思路，建议将每个孩子正在服用的药物和医生开的处方分开放在多个透明的拉链袋里，别忘了在袋子外面写上每个人的名字！准备一个盒子来存放这些放药品的袋子，早上喝咖啡之前脑袋迷迷糊糊的，这时分类的药品就显示出它们的实用性了。另外，周末出门的时候别忘了把药品带上！

工具箱

屋子也是需要人照料的。既然漏水不一定非得等丈夫回家才能处理，那就自己准备一个急用工具箱吧——有个工具箱真的很不错！

工具箱里必须要有:

·螺丝刀——用来更换心爱的游戏机上的电池。它能避免您家的刀遭殃！建议多准备几个型号，其中要有两个十字螺丝刀，两个一字螺丝刀。

·一把锤子

·各种各样的膨胀螺丝

·螺丝钉

- 一把电钻

- 一把锯子（虽然很少用，但有一把锯子放在那儿也不错）

- 一把小钳子（用来干精细活儿）

- 一把扳手

- 各种型号的水管垫片（有时您打电话把水管工叫来，花上一大笔钱维修水管，结果却只是换一小块塑料垫片！）

- 伸缩切割刀（美工刀）

- 一把剪刀

- 透明胶带

- 防水补漏胶带（在水管工到来之前，将漏水的管道密封起来！）

- 万能胶（您知道的，我们可以把它搅拌几分钟，然后粘在漏水口堵住漏洞，或用它将破碎的物品重新组装起来。）

- 不同规格的保险丝（着急买保险丝之前，先打开电路板看看！）

记住，放几个灯泡和充电电池，备上一盒火柴和几支蜡烛，以防停电！

第四章

我们吃什么呢？

▼▼▼▼▼▼

导 语

当我说到"购物"这个词时，您马上会想到：

A. 和闺蜜购物

B. 赛马

C. 哦不，继续

D. 其他的事

E. 吃什么？……比萨

无论何种情况，请看本书指导。

我丈夫的厨艺超级棒！是的，我知道，真是棒极了！只不过我没有充分把握住机会，因为当他知道（我俩相识的第二天）我更乐意烹饪而非整理房间时，他就彻底不下厨了！哦，差点忘了，十年中他还是下过两次厨的！当时他邀请朋友来家做客，并告诉朋友他来当大厨做饭。聚餐结束后，我终于得以踏进厨房，发现里面已经面目全非。各种锅胡乱堆在水槽里，灶台仿佛经历了打劫一般，地板更是不忍直视……我都不想再说。他倒是挺高兴的，晚餐大家都吃得很开心，餐后送完朋友他就躺在床上，因为，您懂的，他已经累得不想动弹了。而厨房里的锅碗瓢盆，他不知道该放在哪里！这些锅碗瓢盆啊！

厨房布置得好，大家都受益，丈夫也不例外。

功能性厨房

厨房操作台只放经常会用到的物品。根据大家的习惯，我们会在操作台上放置：水壶、咖啡机、面包机、榨汁机……

我们还要把经常使用的用具都留下，比如削皮刀、菜刀、剪刀。还要考虑对厨房的各个功能区进行布局——洗菜区、做饭区、储藏区、备菜区——应该以便利为原则进行安排！因此，在靠近水槽的地方通常要有：垃圾桶、洗洁精、洗碗机和洗碗机清洁剂！还有清洁海绵（一个用来擦洗厨具，一个用来洗碗）、肥皂、洗碗布和擦手毛巾，还可以再放支护手霜。

烹饪台旁可以放餐具以及带手柄的平底锅，之所以要有手柄，是为了防止烫伤。燃气灶或烤箱所需的物品应尽可能放在其附近区域。比如在做饭的操作台附近放一块木质砧板、刀、最常用的调味品（大蒜、油、醋……），这样就不必打开三个柜子来准备醋汁了！

橱柜内物品摆放方法同上。摆放这些物品应该是为您提供服务的，而不是堆积一些别人不愿看到的东西。其实我们还能有许多实用方案。

· 可以用螺丝将竖的置物架安在墙上，用来存放塑料盆和容器的盖子。

· 可安装到高处橱柜的搁物架，它可以增加储物空间。

· 隔断式抽屉能让餐具井然有序。

· 将所有做菜要用的东西都放到一个透明的盒子里，比如汤底、酱料等。另一个透明盒子则放制作甜点时要用到的小东西：酵母、香草糖、焦糖、橙花水等。

· 把含盐物品的盒子搁一块儿，含糖物品的盒子则另外存放，要预留一个放早餐的地方。

厨房要用海绵仔细擦洗。尽量不要在操作台上放太多东西，尤其是没多少时间做家务的时候。

东西放在外面不使用就容易沾满灰尘！

要确定厨房里应该放什么物品，请先写下您认为最有用的东西，比如削皮刀、勺子、咖喱、盐……操作台上建议最多保留 7 样物品，再把其他的物品放到抽屉或是橱柜里！把很少使用的火腿展示架、鹅肝专用刀用另一个纸箱装起来送人。最后，舍不得扔掉的物品再用一个纸箱装起来！

各就各位，准备好了吗？

打开橱柜

有条不紊地收拾起来。设定时间，以便高效整理（知道只有有限的时间而非一整天时，您会更加集中精力）。来吧，每个柜子得花 5 分钟来给它们进行首次分类！

把橱柜里的东西清空，放到操作台或地板上。

消费限制：
易腐食品

首先查看易腐食品的有效期。这个超级简单，而且您会发现一些古董，比如已经过期 1 年，甚至更长时间的罐头！这种东西，不要犹豫，直接扔进垃圾袋。很快您就会发现，厨房操作台上的东西变少了！

当然，有些产品是没有有效期的，但这并不意味着就可以留着，比如那个没什么香味的马德拉斯咖喱粉。毕竟，上次去印度已经是 15 年前的事了！

保质期有多长？（仅供参考）

香料：6 到 12 个月

面条：1 年

脱水蔬菜：1 年

罐头食品：2 到 5 年

加工过的谷类食品：约 6 个月

面粉：6 到 8 个月

晒干的香草：约 6 个月

调味品（芥末，调味汁……）：1 年

还要对厨房里的其他橱柜进行同样的处理，注意不要把第一次分类整理时没扔掉的物品拿出来！

将甜味食品与咸味食品分开存放。所有的物品放回橱柜之前，用清洁喷雾剂好好擦拭一番！

拿一张白纸并在上面画两栏来记录放在柜子里的东西！"库存管理"这一环节会给您提供更多的帮助！

还可以考虑使用透明的玻璃罐或塑料罐，这样就可以一目了然地看到大米或面食的库存状态了。原本袋装时容易让人误以为库存很足的情形相信就不会再出现了！

善用厨房用具

您如女王般大刀阔斧整理好橱柜后，厨房里还有锅碗瓢盆、锅铲刮铲在等着您呢。是时候做出选择了——将厨房用具分类。一个开瓶器就足以开出好几瓶好酒，而酗酒是危险的。木勺两到三个即可，最好有一个汤勺，还有两把削皮刀，两把削皮器，一把剪刀和一对用来做沙拉用的漂亮勺叉。

您手里不需要常有去核器或剥橙皮器，可以把它们收纳到抽屉底部去。

捐 赠

厨房放不下的东西也可以捐给那些寻找除食物和衣服以外的其他物品的协会。让更多需要的人用上。

分开存放没有盖子的塑料罐、涂层满是划痕的不粘平底锅、有缺口的烤盘、生锈的馅饼模具。总之，就是把所有不好看或当前用不上的物品挑出来！因为和房子里的其他地方相比，厨房更需要井井有条。

若您特别不喜欢烹饪，那么每天都能在厨房用具上找到乐趣真的很重要！

我们已经讲了食品、厨房用具和锅具。

现在，来说说餐具及厨房电器。

餐具及厨房电器

把您认为难看的盘子和有裂口的杯子扔掉。再说一遍，盘子可以不用多贵，但是一定要好看。您会发现，比起丑陋的盘子，孩子们更喜欢吃放在漂亮的、摆放整齐的盘子里的绿色蔬菜。

毫无疑问，一定还得多准备几个沙拉碗，特别是要够6个人用！只留下每天会用到的，其余的收到储物间或者束之高阁。一般来说，2个中等大小的沙拉碗就足够了。另外，还可以留2个盘子、2个烤盘、1个蛋糕模具。

我们来看看家用电器吧。把很少使用的电器收起来，如多功能料理机……是的，就是那个有57个配件的机器。还有火腿片机、酸奶机、电烤盘……真正用到的电器如电蒸锅、电动搅拌棒要放在顺手可拿的地方。

厨房里的所有物品都应该是您能用得上的，并且最常用的物品要放在随手可拿的地方。

如何更好地摆放这些小东西呢？

按理说，所有的电器都不要离插座太远。如果烤箱下面没有抽屉，那就把大件餐具放到烤箱里吧。微波炉专用餐具放烤箱旁边，或者直接放到烤箱里。抹布没破的话，可以和铝箔纸及其他卷筒用品一起收进抽屉。杯子和盘子分开摆放，最好是垒成适合您在家里摆放餐具的高度！

您还可以预留一个准备早餐的地方来摆放碗、带小勺的广口杯、麦片和软面包，这样孩子们就可以帮把手，也更方便您了解小家伙们吃多少果酱或对麦片的喜好。

冰箱：另类橱柜

先把冰箱里所有的东西都拿出来（冰箱门打开时间不能过长，以免变温），然后用布擦洗内壁。当然，擦洗的布要用酒精、白醋浸湿，芥末瓶盖和调味品瓶盖外部最好也擦拭干净。

冷冻室如何清理？尽可能多地用冷冻产品来规划未来几天的食谱，这样就可以清空冷冻室。

用白醋来给冷冻室除霜和擦洗。这确实需要每年做一次，因为即使是冷冻食品也有保质期！而且冷冻室里堆了那么多东西，甚至可能连我们自己都不知道里面有很多东西放很久了。冷冻室应该是您的盟友，而不是敌人！

厨房里应该放什么

为"安然度过"大风或雨雪天，我家通常会储备：

咸味食材

• 食盐 / 胡椒粉	• 大米
• 各种油	• 番茄酱或番茄罐头
• 大蒜	• 盐水金枪鱼罐头
• 洋葱	• 剥好的小扁豆
• 芥末	• 玉米粒
• 葡萄酒醋或蜂蜜醋	• 蘑菇片
• 咖喱 / 小茴香 / 甜辣椒 / 肉豆蔻 / 普罗旺斯香草	• 剥好的白芸豆
	• 青豆

• 醋渍小黄瓜 • 鸡肉或牛肉汤块 • 面酱 • 酱油 • 鱼露	• 四季豆 • 椰奶 • 小麦 • 谷物麦片 • 各种面条

甜味食材

• 面粉 • 白糖 • 焦糖 • 蜂蜜 • 果酱 • 茶 • 咖啡 • 可可粉	• 撒在甜品上的装饰小糖果 • 水果干（杏干、无花果干、草莓干、香蕉片……） • 去壳的榛子／核桃仁／杏仁 • 杏罐头、桃子罐头和菠萝罐头 • 早餐麦片 • 饼干 • 全麦面包

饮料

・水 ・牛奶 ・白葡萄酒和红葡萄酒（烹饪用）	・果汁 ・糖浆 ・罐装气泡饮料……

冷冻产品

・鸡肉 ・鱼肉 ・虾类 ・脂肪含量5%的牛肉馅 ・羊排 ・猪肉丁 ・油酥点心（水油酥、油酥、千层酥） ・猪肉香肠	・香草和调味品（罗勒、香菜、韭菜） ・葱段 ・整根玉米棒 ・蔬菜丝 ・比萨 ・菠菜去根或切成碎叶 ・嫩胡萝卜 ・土豆片

常备或多备的物品

· 多用纸抹布	· 洗洁精
· 垃圾袋	· 洗碗机专用洗涤剂
· 铝箔纸	· 香皂
· 保鲜膜	· 牙签
· 烘焙纸	· 烧烤木签

库存管理

大家是否还记得在做厨房橱柜分类整理时，我就讲过要制作库存清单。现在是时候把它"重新找出来"了！

用另一种颜色的记号笔在清单上记录厨房缺少的配料，以便外出购物时能在清单上迅速找到。

为使橱柜常备喜欢的基础配料，您可以在厨房放一个小本子、一张纸或一个记事本。配料尽量放在视线范围内，防止出现过了 45 分钟才想起来菜里忘了放盐这样的状况！

购物前别忘了带清单

总有一些人不带清单就去超市采购，回到家时才发现少买了 5 件重要物品，多买了 48 件非必需品。事实证明，购物时带清单多么重要啊。看吧，我早就提醒过了！

去购买面粉、面条、牛奶等物品时，您和我一样都会注意到"所有的东西都在涨价，可怜的女士"！因此，如果不想您的余额不足，每次去超市购物前先做个清单吧！

为了使生活变得简单，您可以从专门的网站上下载清单模板或是"定制"清单，这能让您的生活更加轻松惬意。接下来只需打印模板，勾选需购买的物品。

清单自制小贴士

仔细检查家里的每个房间，确定需要购买哪些物品。例如：浴室里的沐浴露、不会刺激眼睛的成人洗发水、护发素、牙膏、牙刷、身体乳、面霜、除臭剂、卸妆水或卸妆乳、卸妆棉……

　　清单制订好后告知家中的成员，他们认为还缺少什么物品，就让他们在该物品名称前打一个小勾。请跟随我一起来看看！

制作清单前先要弄清楚"我们准备吃什么？"

　　如果不提前一至两周制订好计划，做饭时肯定会匆匆忙忙、顾此失彼，或者只能电话预订"营养超级均衡"、价格昂贵的比萨类食品。

　　别再浪费金钱和精力了，压力太大对皮肤可不好！

　　　　提前准备好家庭食谱，这才是流行趋势！

　　花 10 分钟来精心制订一周的家庭食谱，干劲十足的您甚至还可以一次性制订半个月的食谱。

　　表格：在一个本子或一页纸上画表格，竖向 4 列（星期 / 中午 / 晚上 / 材料），横向 7 行（代

表一周7天）。首先把不做的菜品单元格删除，这样看起来任务量会减轻不少，然后填写表格内容。我的孩子中午在学校食堂就餐，并且这个星期天中午我们会去孩子的爷爷奶奶家吃饭。这样一来一周可以少做好几顿饭。下面来看看一位法国妈妈的家庭食谱是什么样的吧！

星期	中午	晚上	材料
星期一	×	汤 法式咸派 番茄沙拉 酸奶	1个酥皮饼、4个鸡蛋、培根、牛奶、5个番茄、沙拉、酸奶
星期二	×	奶油黄瓜鸡 布格麦 糖煮水果	1根黄瓜、5块鸡胸肉、辣椒粉、鲜奶油、香菜、刺山柑花蕾、布格麦、黄油、糖煮水果
星期三	烤三文鱼 宽条面 水果沙拉	米饭沙拉 番茄 金枪鱼 奶酪 烤苹果	意式宽面、3块鲜三文鱼、2片熏三文鱼、牛奶、面粉、黄油、1盒大的水果糖浆、米饭、4个番茄、1瓶金枪鱼大罐头、1瓶玉米罐头、奶酪、苹果、蜂蜜

续表

星期	中午	晚上	材料
星期四	×	脆皮蔬菜 带壳煮的溏心蛋 细长面包块 酸奶	1根黄瓜、4根胡萝卜、圣女果、花椰菜、8个鸡蛋、面包、酸奶
星期五	×	鱼汤 风味鱼 蔬菜拌面 水果	鱼汤、5片鳕鱼柳、大蒜、2个密生西葫芦、2根胡萝卜、1个菜椒、橙汁意面、水果
星期六	沙拉 鸡肉薯条 青豆水果	填馅番茄 米饭 白软奶酪 栗子酱	沙拉、1只鸡、薯条、1罐青豆、时令水果、5个番茄（用来填馅料）、米饭、白软干酪、1罐栗子酱
星期日	去爷爷奶奶家吃饭	可丽饼之夜！ 糖煮水果	送给奶奶的话！ 面粉、牛奶、9个鸡蛋、5片火腿、奶酪丝、果酱、糖粉、水果

在材料部分记录一周菜单所需食材及预计用量（来客人时使用会非常方便）。

这样看一眼记录就会知道准备一周的饭菜需要

购买什么食材，买多少。收藏这些食谱，就等于拥有了一个现成的料理库，可以用来应付不知如何准备食材的艰难时刻——显然这种情形并不少见！

此外，依据食谱的表格，购物清单很快就能做好。

优点

1.我能够确定需要购买的食材和橱柜中已有的食材。

2.还知道什么食材可以在菜市场买到（我是周三和周六去菜市场），这样的话我就可以用最新鲜的鱼来做菜。

3.我只需思考如何准备早餐以及家里可能缺少哪些食材。为此，我会快速环视一下屋子，确认清单上的材料一栏是否还有遗漏。

4.我会知道头天晚上必须将第二天要用的食材从冷冻室里取出来冷藏。例如：周一晚上，我会把鸡胸肉从冷冻室拿出来放进冷藏室。

5.我把所有内容记到本子上或纸上并放进文件夹，或是做成电子文档存入手机，实在不知道如何安排一周食谱时再翻看这些记录，就可以为我节省宝贵的时间！

想不想快速制订食谱？

让孩子们来帮忙吧！

询问他们爱吃的 7 种菜品，从开胃菜到饭后甜品一一询问。当然，还是要遵循营养均衡的原则！

用不同颜色的笔填写家中常吃的食物。

- 红色代表鱼类和肉类（熟食用红色粗体标注。）
- 绿色代表水果和蔬菜
- 橙色代表谷物和淀粉类食材
- 蓝色代表奶制品（酸奶、奶酪……）

游戏规则很简单。孩子必须在每份菜单中找出：

1 种红色食物 + 1 种蓝色食物 + 1 种橙色食物 + 至少 2 种绿色食物

任务布置下来，孩子们的选择定会让您大开眼界！

您也可以要求他们把（您放在冷冻室的）鱼或者肉拿出来。

注意控制同一份菜单中高脂肪食物的量，并让孩子注意到某些菜中"隐藏的食材"。他们肯定没有料到法式咸派里会有谷物麦片，面包富含谷物，法式咸派中放了大量的鸡蛋，因而富含蛋白质。

在家里，这甚至变成一个餐桌游戏——"寻找菜里隐藏的食材"。这群小家伙几乎能给您上几堂饮食均衡的课了！有了这个游戏，您至少可以得到7份"优选"菜品，然后把它们认真记录在饮食记录本上。

尝试一个新食谱时，记录孩子是否喜欢该食谱。未来缺乏灵感时，它会给您提供帮助！

您要准备好几周的菜单，当预备的菜单足够多了，就只需拿出前几周的食谱进行轮换。这样您就有更多的时间来发挥创造力，开发新的食谱！

记忆中让人念念不忘的食物

对每个人来说都有这样的食物：各种馅的饺子让我们想起了7岁的童年；在老家疯玩了一天后吃到的奶奶做的炖牛肉，满满都是爱的味道；妈妈在周日做的华夫饼；散发着高山牧场味道的瑞士奶酪烧；新鲜出炉的烧饼……这么多的美食承载了童年或假期的回忆。您可以通过讲故事来激发孩子对您为他们精心准备的饭菜的兴趣！

准备主题菜单

菜单主题包括世界、四季、海洋、太阳、假日等。给菜取一些令人浮想联翩的名字来吸引孩子们的注意力，这样他们就会换个角度看待您为他们精心烹饪的食物。比如，一片火腿搭配通心粉和菠萝丁，可以命名为"夏威夷的问候"。如果您不擅长烹饪，那就从菜名上做文章吧。

翻阅报纸杂志

若在书上看到一份不错的食谱，可以把它剪下

来并用回形针小心地别在饮食记录本里。在"不知
道做什么菜"的日子里翻阅记录本，灵感也许就在
这儿！

准备"SOS菜单"

此类菜单是指可随时用手头的食材烹制食物的
菜单！

我的孩子不喜欢吃……

最不喜欢吃蔬菜！

我们被告知每天至少要吃5种水果和蔬菜，但
商家热衷于卖给我们的却是孩子爱吃的垃圾食品！

我的第一反应是："他们是怎么想的！"面对
做好的一锅蔬菜——它是我最好的朋友，小家伙们
却一个个耷拉着脑袋不愿张口，我感到很愧疚，难
过得哭了半天……"我们当然知道要吃蔬菜，要吃
品质好的蔬菜，就好比知道锻炼身体对健康有益，
走楼梯比坐电梯要好……"

我很清楚，这条警告信息根本不是给我看的。

它针对的是那些没有负罪感，让孩子们满手都是薯片躺在电视机前的人。然而，我们每天都要绞尽脑汁解决孩子们"不吃蔬菜"的难题。

孩子们知道自己吃的是什么吗？

不，他们不知道。不开玩笑，这才是真正的问题所在。

首先我发现生活节奏很快。晚上辅导孩子完成作业，匆匆给他们洗澡，马不停蹄地准备晚餐。但我们决不会想到自己的孩子想象力如此丰富，竟然坚信面条是从树上长出来的！

我的一个儿子非常讨厌吃饺子，还成功让学校老师相信他对饺子过敏。其实很久以后我才知道，当时的他以为馅料里的番茄酱是老鼠尾巴做的！是的，他的想象力丰富得有点过头了。于是，某个周六的下午，我们一起做了饺子：调馅料，和面……这可是个大型游戏！我们给饺子换了个名字，叫作"一口一个奇迹"。从那天开始，他就吃饺子了！

当然，这一招不一定对所有人有效，但是值得一试！

还有一些在菜肴中藏蔬菜的窍门

• 像擦奶酪丝那样将西葫芦擦丝，用来制作法式咸派和意大利面。

• 将西葫芦和一盒去皮番茄罐头混合，加水煮熟制成番茄酱汁。

• 用蔬菜酱汁（番茄罗勒西葫芦 / 番茄菠菜酱）制作芝士焗面。

• 将肉和菠菜塞进酥饼卷里。

• 将剩下的炖肉（肉 + 蔬菜）混合，上面铺满上好的果泥！

如果食物搭配遵循淀粉类食物占 2/3，蔬菜占 1/3 这个比例，那么孩子对吃蔬菜的顾虑就会减少。

最重要的是，要用好看的彩色碟子装盘。为使菜肴美观，您完全可以在一盘熏火腿青豆面的角落放一颗草莓，没人会有意见。况且，它会激起孩子们的好奇心！像孩子那样认知世界，到处是游戏和惊喜。

我的法国家庭式菜单供您参考

根据字典的解释，烹饪是指做饭做菜。但我认为烹饪是指：想好要吃的食物，去超市购买食材，洗菜备菜，在孩子们洗澡的间隙做饭，中间还要面对孩子每天提出的上百个问题，摆餐桌，打理我的小天地，收拾桌子，碗筷装进洗碗机，启动洗碗程序，洗干净后收拾好……周而复始，天天如此！

如何将这些"痛苦"的时刻变成愉快的体验？当然是简化生活！我们按顺序来，首先是菜单！（您会在本书末尾找到美味菜谱的索引。）

十大优选菜单
（我的三个孩子对能编制该菜单感到非常开心）

1. 黄瓜沙拉 / 炒玉米粒 / 猪肉小香肠 / 酸奶
2. 番茄 / 羊排 / 四季豆 / 米饭布丁
3. 肉酱千层面 / 煎荷包蛋
4. 胡萝卜条和小番茄 / 汉堡 / 西葫芦丝奶酪拌面
5. 蔬菜炒牛肉配荞麦面
6. 番茄 / 卷边果酱馅饼 / 年糕

7. 神秘浓汤 / 柠檬奶油牛肉丸 / 意大利面 / 酸奶

8. 杧果沙拉 / 煎鸡扒 / 烤土豆配胡萝卜泥 / 草莓汤配橙汁

9. 猪肉香肠 / 玉米饭 / 水果沙拉（原料为水果罐头）

10. 时令水果串串香

十大 SOS 菜单
（所有的材料都很容易买到）

1. 意大利面沙拉配果干 / "奇妙"水果拼盘

2. 胡萝卜条 / 椰汁鸡肉配印度香米 / 酸奶

3. 四季豆番茄沙拉 / 蛋糕

4. "凉拌"新鲜番茄 / 芝士焗面 / 水果

5. 西葫芦沙拉 / 番茄炒虾仁 / 燕麦片

6. 填馅番茄配米饭 / 火腿 / 酸奶

7. 圣女果 / 蜜汁三文鱼 / 西葫芦酱汁蒸粗麦粉 / 米饭

8. 番茄玉米沙拉 / 比萨 / 糖煮水果

9. 面包片夹火腿 / 奶酪 / 水果沙拉

10. 意式海鲜烩饭 / 糖煮水果

十一大四季菜单

夏天

1. 玉米番茄黄瓜沙拉 / 火腿烤串配鲜奶酪 / 酸奶

2. 罗勒西葫芦浓汤 / 鳕鱼烤串 / 青豆饭 / 糖煮水果

3. 鲜奶酪填黄瓜 / 鸡胸肉菠萝圣女果烤串 / 焦糖粗麦蛋糕

秋天

4. 牛奶南瓜浓汤 / 热狗风味西葫芦 / 小罐牛奶粗麦糊

5. 椰奶浓汤 / 趣味面包片 / 糖煮水果

冬天

6. 果汁 / 瑞士奶酪烧拼盘 / 烤苹果

7. 胡萝卜茴香香菜浓汤 / 芝士焗土豆三文鱼 / 酸奶

8. 番茄沙拉 / 自制汉堡 / 菠萝

春天

9. 胡萝卜橙子葡萄沙拉 / 砂锅焗番茄 / 布丁

10. 惊喜黄瓜 / 羊排 / 橄榄油拌土豆泥 / 鸡蛋奶油

11. 蛋黄酱鸡蛋 / 番茄馅饼 / 香蕉椰奶汁

十大素菜菜单

孩子们在早餐和午餐时已吃过肉类食物，所以晚上我们可以准备点特别的菜式！

1. 苹果沙拉 / 芝士焗意面

2. 蔬菜千层面 / 酸奶

3. 蔬菜炸丸子 / 猪油拌粉 / 水果

4. 谷物饼 / 杧果沙拉

5. 比萨 / 胡萝卜和爽口白萝卜

6. 翡翠汤 / 奶香馒头 / 红色水果

7. 水果拼盘 / 蛋糕

8. 西葫芦汤 / 番茄酱青豆焗饭（加青豆是为了美观！）/ 糖煮桃子

9. 椰奶清汤 / 炸薯条 / 米糕

10. 芝士番茄沙拉 / 黄油蘑菇米饭 / 蜂蜜梨子

购物真麻烦！

购物可不是件轻松的事，但是没办法，我们必须做！菜单和购物清单都已根据需要准备妥当时，您就具备了所有的优势。以下几个建议能让您花最少的时间在货架上，并且避开跨国食品公司将促销产品放在叠层货架正中间等诸多陷阱。

一些原则

1. 根据常去的那家超市售卖的商品制作购物清单。
- 水和饮料
- 家用清洁用品
- 米、面及其他粮食
- 罐头食品、调味品和食用油
- 面包
- 生鲜柜台（酸奶、奶油……）
- 水果和蔬菜
- 肉类、禽类、鱼类
- 最后是速冻食品
2. 众所周知，一定要吃饱饭再去购物，这样才不会饿着肚子乱买一气，远超所需。

3. 折扣券和会员卡一定记得使用！

4. 如果时间允许，可以在非高峰时段购物，但要避开周一上午，因为周六的购物大高峰过后，货架上的货还没补足。

5. 如果时间允许，可以在一周之中找时间到市场或绿色食品店囤些水果和蔬菜。那里商品的质量和新鲜度可确保为家人提供足够的营养。

6. 只拿清单上的物品！

互联网替代方案

想象一下：不再有交通堵塞，不再有孩子在糖果区前任性哭闹……

优点：

• 您可以在凌晨两点下单，只要您乐意！

• 即使是在深夜（例如，当孩子们已经睡觉的时候），也可以逛网上商城。

• 注意控制预算！

弊端：

• 网购有时需要付邮费，但是比起出门购物的路费和您在冲动购物上的花费，相信我，您赚大了！

· 必须要有电脑或手机，连接了互联网，并且还得有电！

做饭还是烹饪？

是的，我是故意在玩文字游戏。但是在我看来，尽管两者只有细微的差别，但其内涵大不相同！

当我没有时间好好做饭，或者是还没有准备好争分夺秒追逐"购物周"时，我是做饭给孩子们吃。仅仅是喂饱他们而已。

"做饭"的同义词就是：把比萨放进烤箱里！

只要好好规划一下，您就可以在很短的时间内完成"烹饪"。前提是要提前准备好！您清楚再过几天自己就要超负荷运转了吗？既然如此，从现在起就考虑做双份的菜肴然后把它们冷冻吧！从冷冻室中取出精心准备的食物其实也叫"烹饪"。明白其中的细微差别了吗？

我做，你做，她做，我们做

你们也会做！

· 制订菜单。

· 拟定带出去的清单。

· 尊重孩子们的一日多餐。

· 我会经常变换花样：鱼可以用烧烤签串起来烤，热食或冷食用铝箔纸包起来，上面覆盖色泽艳丽的蔬菜泥，撒上干酪丝然后放进烤箱中烤。

· 我会让孩子们参与食物的制作，并巧妙地引导他们，因为我的孩子总是有自己的想法！（您的孩子也一样！）

· 少给他们汽水和甜味垃圾食品。

· 我会让他们多吃蔬菜（甚至把蔬菜伪装成其他形式，不让他们轻易察觉到）。

· 尽我所能让他们吃好！

第五章

把没用的文件都扔掉……

▼▼▼▼▼▼

导语

若要整理文件,您会等到:

A. 文件堆积如山并自动坍塌

B. 收到法院的送达文书

C. 退休

D. 有动力才开始

但是不知道是什么动力!

E. 本章结束

无论何种情形,请看本书指导。

长效整理

文件整理工作非常烦琐，需要撰写、裁剪、粘贴、黏附、贴标签、发送、归档……因此必须做好规划！

我的用品清单

使用合适的材料是文件长效整理的必要条件。您不会一开始就把文件归档，我认为在商店里找到归档用品后再整理也不迟……这些归档用品可以将已分类文件重新归类，但是它本身也可能会弄乱文件，因此找到最终的存放处时必须再进行整理分类和排列！

生活往往像雷蒙德·德沃斯[①]的小品……

归档用品的数量取决于储存的年限。大致统计一下：

———————

① 雷蒙德·德沃斯（1922—2006）：法国著名幽默家、脱口秀演员，他以运用复杂的双关语和超现实的幽默而闻名。

- 每年 8 个软皮纸质文件夹
- 每年 1 个风琴文件夹（带大号松紧带！）
- 每两年 1 个档案盒

为避免"借用"家里孩子的小计算器或安全剪刀，您需要储备个人文具用品，包括：

- 1 个大号硬皮文件夹
- 多个透明活页资料袋
- 彩色插页（一人 1 个，家里 1 个，厨房 1 个，菜谱 1 个）
- 带小格子或条纹的彩色纸张（白色、粉色、绿色）
- 1 个打孔器……用来打小孔
- 1 张 A4 卡纸
- 1 把剪刀
- 钢笔、记号笔、荧光笔、铅笔
- 1 块橡皮
- 1 个铅笔刨
- 胶水
- 常规型和加强型胶带（用于包装包裹）
- 标签纸

- 回形针

- 1个订书机（以及订书针）

- 1个计算器（比手机更实用）

- 1个废纸篓（如果家里有办公的空间可以放一个，没有的话就用厨房的垃圾桶）

- 信封（多种规格）

快速填写购物清单，不要遗漏任何事项，因为指不定哪一天就会用到！

当然，您会记得每周要清空一次"待办事项"栏……现在那里是不是差不多清空了？还是拿出记事本核对已支付款项吧！分拣装置的其他栏都井然有序，票据放在一起，银行文件也归类得很好……这样整理起来会超级方便！

整理文件的大部头工作是按年份对其进行分类归档，同一年的文件都放入一个纸质文件夹，并在显眼处写上对应的日期。对真正想把事情干好或者是整理好后不想再返工的妈妈们来说，我建议把"税务"文件放在最上面，然后是工资单等。文件夹按时间顺序依次放进文件盒内并在盒子的四面都标注日期……因为暂时还不知道要把它们朝柜子后面的哪个方向存放！

有序收纳文件盒并把没有用的文件丢掉。

那我们开始吧！

分类摆好各类文件：

1. 发票（水费、电费、燃气费、座机费和手机话费等）

2. 工资单、失业津贴单、酬金单

3. 租金收据、房屋保险收据、账单

4. 银行票据

5. 税费正式记录……（总之，就是那些让人讨厌的票据！）

6. 基本医疗保险、互助医疗保险

7. 家庭补助金

8. 要妥善保管：保险合同（医疗保险、人寿保险、车险），消费贷款合同，购车发票，保修单据……

将文件分别放入软皮纸质文件夹并在封面标明文件名及年份，然后收起来！"要妥善保管"的文

件请选择容易与其他文件夹进行区分的硬皮文
件夹。

　　注意：放入该资料袋的票据应为已处
理或已支付的票据！即各账户都已处理
妥当……如果不是这种情况，请把文件
重新放回信件分拣装置。

整理……但是要整理到什么地方？

　　文件整理好后可以存放的地方很多：盒子、
办公室抽屉、分层储物柜和透明抽屉（我的最
爱！）……您自行确定放哪里方便、最容易拿到，
同时要确保孩子不会好奇地翻查或偷拿您的办公用
品……以及在账单上涂鸦！

文件建议保存多久？

　　1年：

　　· 管道清扫发票

- 话费单
- 挂号信收据
- 酒店账单
- 餐厅账单

2 年：

- 消费贷款合同（还款结束后 2 年）
- 保险收据和终止的合同
- 牙医费和医生诊疗费

3 年：

- 水费单
- 不动产税

5 年：

- 电力公司和煤气公司出具的发票
- 罚款单
- 租金收据
- 社保对账单
- 律师费和公证费收据
- 抚养费、赡养费对账单
- 租赁合同（合同终止后 5 年）
- 奖学金档案

· 工资单和社保缴费单副本 (如有雇佣家政人员)

10 年：

· 银行对账单

· 身份证和护照

· 房地产贷款合同 (还款结束后 10 年)

· 租赁合同 (汽车)

· 汽车销售证明副本

· 工匠或公司出具的工程发票

· 与物业公司代表的书信

30 年：

· 支票存根

· 借条

· 医生或外科医生的收据，以防未来出现为划分医疗责任而采取法律行动的情况

· 索赔和报销文档

· 建筑工地的会议记录

· 建筑合同和发票

终身：

· 户口本

· 健康记录本

- 血型卡
- 医保卡和医保证明文件
- 就医记录
- 婚前协议
- 人寿保险（收据和合同）
- 毕业证书（小学、中学和大学）
- 荣誉和奖项
- 贵重物品（珠宝、家具……）的发票
- 工资单
- 工作证明
- 公证书
- （离婚）判决书
- 捐赠证明
- 收养文件

其他:

- 汽车购买发票、维修手册（直至换车）
- 产权证（直至出售）
- 建筑许可证（直至出售）

各类收据和信用卡付款凭证

如果打算记账，那就保留这些付款凭证。如果账目已做好或是核实票据不能作为"入账凭证"，那就全部扔进垃圾桶吧！收据上的墨迹性质不稳定，字迹在一年内就会变得模糊不清难以辨认。账目核对完成后，收据即不再有用。

小妙招让生活更轻松

记事本的作用

• 整理文件时我总是会带上记事本，因为我必须时刻关注哪些事要做，并且我对自己的记忆力没有信心！

• 在记事本上，我会用不同颜色来区分不同事项（黑色为公事，蓝色为私事），并用荧光笔画出（私事或公事的）重要事项。

• 我在记事本上记下了长期使用且不常更换的家用电器的品牌和型号、打印机墨盒的参考资料、银行账号和银行卡号，银行卡被盗时的紧急呼叫号码、手机序列号和手机被盗时的紧急呼叫号码。所有参考资料和号码都要写在"家庭SOS表"上，并且该表可以编制得再详细一点，以防手提包被弄丢时要用到。

文件装入透明文件袋并放入大文件夹！

应妥善保管购买各种设备器具的收据，作为日后保修的凭证。关于设备保修，最好是把它清晰记录下来并注明保修截止日期。将收据订在一张白纸上（没错，所有收据都订在同一张纸上），并放入透明活页资料袋，将所有大规格保修单都放进去（在上面写上对应的保修内容和保修截止日期！）贴上"质保"标签后把资料袋插入文件夹中。每年把资料袋取出来整理一次并将过期的保修单筛选出来扔掉。这样做的好处就是，现在您知道该把它们存放在哪里。

对于有扫描仪的人来说，这就更好了：将收据扫描成电子档并新建一个文件夹，将其命名为"家庭文件"。在需要的时候才会将文件打印出来！复印件在未来会大有用处。如果孩子报名加入运动协会用不上，更新大家庭卡或更换手机时会用到这些文件……总之，没有这些文件会让我们寸步难行，所以提前做好准备吧！

复印本人身份证件和孩子的身份证件（以及丈夫的身份证件）。最好是永远用不到它们，但是如果包包被盗，复印件也许会为您提供便利。别忘了复印驾照、护照和户口本！即使有扫描仪，最好还是要复印一份纸质文档进行保存。您知道吗？我的母亲至今还保存着我们的证件副本。

复印或扫描儿童健康档案手册疫苗接种页。如果您很幸运，孩子身体很健康并且医生从未查看过儿童健康档案手册，那么您可能会错过给孩子接种疫苗的机会。相信我，根据我的经验，当您意识到错过给孩子接种疫苗的日期时，您真的会有些懊恼的，尤其是在新生入学前才发现，哦，天啊，这会是件令人头疼的事！

复印彩色的证件照，价格会比较贵。不知您注意到没？一年当中总会在这个或那个时刻缺少一张证件照！

神奇卡片

您可能已经把孩子托付给父母，准备周末和爱人一起享受两天二人世界。糟糕！就在"悠长的假期"即将到来前，手机铃声突然响起——

呃，打扰了亲爱的，你儿子要穿 39 码的鞋！

您很快就知道母亲说的不是她自己的鞋码了！她没有孩子的医保卡，也没有保险证明，更没有医生的电话号码。她记得孩子对一种药物过敏，但是是哪种药呢？总之，您的浪漫周末就这么被毁，或者至少部分被毁。我还没说到您此刻的心境，确实是需要很强大的心脏来承受此刻的打击……孩子需要我，丈夫也需要我！怎么办，快救救我吧！

其实只要给每个孩子准备神奇卡片就好了！

神奇卡片并不神奇，但是特管用！如果不喜欢神奇一词，那就叫"联络卡"吧，不过，换个名称吸引力立马就小了许多！

大号文件夹可插入：

• 插页（一个孩子一个）

• 透明资料袋（一个孩子一个）。因为他们不一定把文件都放在同一个地方，并且这样做会比较实用！

　　装入资料袋的文件包括：

　　·证件照（及其复印件）

　　·儿童健康档案手册疫苗接种页复印件，上面有医生的联系电话和孩子的过敏记录

　　·目前正在使用的医生处方

　　·综合医疗保险证明复印件和医保卡复印件……

　　没错，我们总是丢失这样或那样的文件，所以要有备无患！关于医保卡，您无需在社保中心排长队申领一张新的医保卡。只需将医保卡插入专门的机器内，它就可以按需打印证明。

　　孩子要去夏令营或去朋友家度假一周时没什么可担心的。只需要把神奇卡片资料袋塞进行李包即可！

　　把医疗文件和不能打孔的文件装入透明资料袋后，您可以：

　　制订孩子的日程表。孩子们从小学开始就要花时间学习游泳、体育运动、造型艺术……因此需要

专门的办公用品来记录。用不同颜色的笔来记录课外活动。毕竟，您不可能天天陪在孩子身旁。孩子爸爸会为独自一人应付自如而感到"超级幸福"，您也会感觉心态平和。届时您会知道，一切尽在掌握中！

在另一张纸上写下重要的电话号码：学校、秘书处、教务处的电话号码；校长的姓名、任课老师的姓名及任教科目。这些可能都会用上！

同时记下孩子同学的电话号码（小孩子经常感冒生病，但作业还是要做的），以及课外活动联系人的电话和姓名，以便缺席时及时告知。

这个资料袋还会保存成绩单、学校发的外出活动的通知文件。

给每个孩子做一个相同的档案袋，内含：插页、透明袋和打孔纸。

祝愿妈妈们好运！一旦文件整理完毕，您就会发现这一年没白忙活。

家庭插页

您已经在此文件中插入了电力公司出具的电费收据，或作为家庭地址证明的话费账单、保修单、身份证件复印件……

SOS（紧急求救）页

将紧急号码写在 SOS 页上并放在文件夹的首要位置。也可以把它贴在一个容易看得到的位置，如厨房，门厅等。为方便记忆，您可以在上面记录以下号码：

- 家庭医生姓名及地址
- 您的手机号、工作地址
- 发生事故时紧急联系人姓名（祖父母、朋友、邻居）。必要时保姆要能尽快联系到您。我们要做的就是尽可能提前做好准备。（还要标明去您家的最短路径。保姆可不一定说得清楚！）
- 电力公司和煤气公司联系电话以及您家的合同登记号
- 您投保的保险公司联系电话以及合同登记号

（这样可以避免心急火燎找发票和单据却毫无头绪！）

- 小区物业或楼栋管家的电话号码
- 保姆名单及联系电话（记入记事本。想象一下手机不在身边会怎么办！）

便利生活的其他方法

- 将银行对账单放入专用资料袋。
- 准备一个"报价单"资料袋装正在进行中的资料文档。
- 预计还有食堂和各种兴趣班的付款单据……（我知道这关系到孩子们，但由于这些文件仍然"有效力"，因此最好将它们放在文件夹的"活跃"位置！）
- 准备一张纸，在上面写上联网密码和网络标识符（千万不要记录银行卡密码），以及需要的信息（热线电话、客户联系电话、Wi-Fi终端密钥、电子邮箱账户……）。简而言之，就是那些您之前从未做过、最终需要用到时却会占用很多时间的事情！而且我发现，人们使用这些代码和网络信息的需求日益增多！

· 还要记下本人的手机号码、PIN 码和位于电池下方的手机序列号。顺便记下紧急呼叫号码，以防丢失或被盗时拨打。

· 还要拟定一份常用联系人名单：能帮上忙的闺蜜和邻居及他们的联系方式。这样就不用花两个小时找手机了，因为我们从来不会轻易找到手机，我们的生活就在手机里！

好了，我就不再赘述，因为我相信最后您一定会找到适合自己的整理规律的！

"厨房"插页很宝贵！

· 将库存单（记录橱柜、冰箱和冰柜里必须储存的物品）放入资料袋。

· 批量复印"待勾选"空白购物清单。

· 另外，还可以在文件夹的该部分中加入菜单创意、孩子们最喜欢的食物和相关的购物清单。

· 常用食谱。要知道，您可是翻阅了三四本烹饪书才找到喜爱的派皮或者咸味蛋糕坯的制作配方！至少使用时只需花点时间来计算配料用量，毕竟您已对配方熟稔于心！

　　• 准备一个资料袋装从杂志上剪下来的菜谱，并不定时进行筛选分类。

整理电子邮件

　　您会告诉我说，这边刚整理完，那边又卡住了！我想我们应该把电脑当成家里的一个房间来对待。偶尔做点家务没坏处——从任何意义上来说都是如此！特别是，我们要学会好好整理电脑文件，这样才能从里面找到重要文件。总而言之，这就是生活！

如何整理电子邮件？

　　收件箱应只包含未读邮件、待回复邮件和需要执行的邮件。

　　我们可以将收件箱比作信件分拣装置"待办事项"格。删除其他邮件或将其归档到各类文件夹以便区分和查找。

文件夹

您可以任意创建文件夹，这样做有利有弊！一个邮箱不能只设一个文件夹，而应创建多个文件夹并分别命名。

- 家庭
- 重要事项
- 假期计划
- 工作（包含您要处理的文件）
- 发票（我们通过网络收到的发票越来越多）
- 朋友
- 趣味故事（故事和其他视频）
- 购物（折扣邮件、VIP 邀请函）

把收件箱当作家庭文件夹看待，定期清理收件箱中的邮件。

不要觉得可惜：先筛选分类，然后删除！

发送电子邮件

在标题栏，更准确地说是"事由"栏中填写邮件主题时，表述应清晰明确。若想高效快速处理邮件，简短醒目的几个词能发挥大作用！"周末申请……"会比"你好，我是……"更有效率。

新闻简报和广告

取消订阅！大部分新闻简报或广告都会在邮件末尾提示"点击"取消订阅！当您不喜欢某网站或网站提供的内容时，不要迟疑，直接取消订阅。

电脑桌面

电脑桌面应只放常用的软件或文件：

- 回收站
- 我的电脑
- 正在处理的文件和文档（当然也要进行整理！）
- 在"我的文件"中可以创建文件夹并命名
……

如果您和家人共享电脑，若不想小女儿在发票上涂鸦，儿子在食谱上"写字"的话，那么给每个家庭成员创建一个单独的文件夹将是明智之举！

将所有的音乐文件存入"我的音乐"文件夹；照片存入"我的图片"文件夹。

浏览器收藏夹

无论使用何种浏览器，您都可以将特别喜爱的网站保存起来。然而，当收藏列表里保存了几十，甚至上百个感兴趣的网站时，您会发现从中快速找到一个讨论穿衣风格的网站将是不可能的事！再次建议，在收藏文件夹内创建不同的子文件夹。

我认为首先要给每个家庭成员单独创建一个文件夹！即使不分享电脑，您也能为大孩子找到一个很棒的语法学习网站（当然，他很可能会讨厌您这么做），或者为家里的小动物爱好者找到让他们欣喜若狂的动物视频。

在您自己的文件夹中创建多个"子文件夹"，包括：休闲、购物、旅游、穿搭……

报纸杂志

找一个全是塑料资料袋和插页的文件夹。因为我们需要罗列多个主题!

我会将"我喜欢"文件夹按以下主题进行分类整理：

旅游

装饰

绘画

珠宝首饰

服装

DIY 小贴士

相册剪贴簿

时尚

美容

……

你们呢？

要想客厅不被那些"等待"裁剪、归档的报纸吞没，您可以先简单粗暴地把感兴趣的文章挑拣出来放入用橡皮筋封口的纸皮文件夹，然后暂时将其束之高阁。把文章放入文件夹之前先进行分类，把它们统统扔进垃圾箱可不是明智的做法！

照片

我们必须花点时间整理照片。我一直说要整理照片却迟迟没有付诸行动，导致现在积累了 15 年的照片亟待处理！我知道这说出来很吓人。

以前是纸质照片、幻灯片……自从多年前出现数码照片后，我们把数码照片冲印出来并将副本存入光盘（以防万一），可是如今电脑文件夹中的照片越来越多……（因为实在没勇气删除！）

准备一点时间，整理电脑中的照片，要像环法自行车赛中的车手一样，分阶段进行整理。

导出全部照片！

一张照片就是一份情怀，但不能以照片上有自家孩子的身影为由将照片全部保存下来！

要删除的照片

理由如下：

- 不认识照片上的人
- 想起不好的回忆
- 已经冲洗了一式四份
- 照片模糊不清
- 觉得孩子在照片上不漂亮、不可爱、不有趣！

事后看来，删除照片更容易。没错，试试这个方法吧。

- 照片让您疑惑不解——"照片中间的那位先生举起酒杯，仿佛是在邀请您，他是谁？那是在哪儿？"当然，除非您喜欢猜谜语，大可留着这张照片！下一次家庭聚餐时，这张照片会不会成为聊天的话题？

回忆很美好，但生活就在眼前！

被"拯救"下来的照片尽量用鞋盒或纸箱存放，照片之间用白纸（比如一张 A4 打印纸裁成两半）隔开并在纸上注明年份、时期和主题。

- 孩童照片和婴儿照片（每个孩子都要分开存放）
- 度假时拍摄的照片
- 家人合影（老照片）

把挑好的照片保存起来送给家人、朋友或是日后给孩子们看，都是不错的选择！

数码照片

将所有已拷贝到光盘上或移动硬盘里的数码照片从电脑上删除到回收站，并清空回收站。买个光盘包或文件袋进行收纳。如果是用光盘，记得给光盘命名，这样就可以快速识别里面的内容（如"2015年夏"……）。如果您还没有光盘，也许是时候考虑购入几张了。我知道这会有些麻烦，但是倘若您的电脑突然"宕机"，那该如何是好？这个方法值得一试，不是吗？如果您使用移动硬盘，那分类整理也是必不可少的哦！

注意！

随着时间的推移，电脑设备老化的速度要比照片快得多，因此要记住每五年对"照片"文件夹进行一次备份。

周日阴雨绵绵， 正是制作剪贴簿的好时光

照片整理完毕后制作剪贴簿别有一番乐趣，因为不用再担心照片太多，整理到让人崩溃！一些制作精美且非常实用的书籍将指导您迈出自制相片剪贴簿的第一步。网上看到的那些华美创作也许也会给您带来灵感。

如果您不会制作相册但是又很感兴趣，可以先试着做些小相册送给亲朋好友，这可是个别出心裁的创意礼物！

第六章

赶紧把你的房间收拾好！

▼▼▼▼▼▼

导语

如果让您描述自家孩子的房间，您会这样说：

A. 啊啊啊啊

B. 噩梦

C. 乱糟糟的

D. 简直就像杂物间

E. 快快长大吧

无论何种情形，请看本书指导。

"实在是受够了，好累啊，家里的事全要我一人包揽。他们都把我当超人使！收拾屋子的也总是我……"谁没这样说过或这样想过！

说实话，我不明白为什么——在这个人人都有权利的社会——女人因为当了"妈妈"就要变成三头六臂的超人，一年365天都得操心一日三餐，却仍然希望晚上10点半自己还有女人味！

要求孩子们摆餐具或整理房间，并不是想把他们变成奴隶。恰恰相反，我真心觉得，这是为了让孩子意识到自己是"团体"中的一员，是这个大家庭中的一员！

让孩子们在家帮忙，引导他们成长为负责任的成年人

孩子从无忧无虑的童年一步步走向成年，成长为一名有担当、自食其力的公民，可不是仙女挥动

两下魔法棒就能够实现的。

如果您从来没有教过您的孩子如何启动洗衣机，那就不能怪他不懂。但是在让孩子知道如何熨烫衣物前……有几个步骤要做！

通过做游戏和不断尝试来学习和了解

晚会一开始，您会看到孩子们力所能及地把开胃蛋糕送到您的朋友面前，他们感到很自豪。因为觉得自己是"团体中的一员"，而且是在众人面前！即使"小可爱们"当着客人的面打翻了碗也没人会责怪他们。

所以，只要他们想帮忙，哪怕是笨手笨脚，您也要鼓励他们努力去尝试！不能要求他们在首次尝试时就必须成功。

给他们指明方向，放心吧，他们肯定会做得很好。因为他们希望您开心！

我还知道，您现在憋着一肚子火，很难在送孩子去学校前保持冷静和笑容。因为想帮忙收拾碗筷的女儿刚刚把所有的东西都打翻在地……哐当！

海绵, 扫帚, 吸尘器, 统统拿来! 去学校肯定要迟到了!

孩子通过模仿来学习——没错!

> 如果您不习惯早上整理床铺, 就不要强迫孩子叠被子!

每次孩子们帮忙都别忘了感谢他们。因为, 就连如何表达谢意他们也在模仿! 只有这样, 他们才会明白说"谢谢您"这句话的重要性。

赶紧把你的房间收拾好

您不能要求一个4岁的孩子能够做到像11岁的孩子那般"井井有条"。

先扪心自问, 然后告诉我答案!

· 我的孩子能轻轻松松整理好自己的房间吗?

假如要收起喜欢的小雕像, 孩子必须打开柜子拿出一个铁盒, 在里面找到一个塑料袋, 然后把人物雕像放进塑料袋……如果是这样, 那么我认为他想轻松收纳是不可能的！

解决方案：使用带盖子的透明收纳箱。收纳箱可以放在床底下，也可以作为装饰品靠着房间的墙壁存放。选择透明收纳箱的原因是，孩子能够一眼看到箱内的物品。收纳箱要带盖子是因为有了盖子玩具就不太容易积灰。有盖子的另一个好处：每个容器不至于装得太多太满。因为孩子们总喜欢把玩具收纳箱弄个底朝天然后玩得不亦乐乎，如果箱内玩具不多，那需要收拾的小玩意自然就少了！

他知道您对他的期望吗？

虽然您很清楚自己对孩子的期望，但您是否已明确告知孩子"赶紧给我收拾好你的房间"这句话的确切含义？

解决方案：刚开始时少做要求，而是和孩子一起收拾房间，并告诉他为什么要把毛绒玩具和塑料积木分开存放在不同的收纳箱。（如果您认为分开存放很重要的话……）

渐渐地，您可以要求孩子整理自己的床铺（哪怕做得不怎么样！），用吸尘器打扫房间，甚至是擦镜子……

"青少年" 案例分析

青少年正处于身份认同危机阶段，他的卧室就代表着他的个人领地，通常是从不收拾的。但是要稳住，即使感到不适也要坚持。他的房间混乱是他的事!另一方面，您必须要求他要像您"尊重"他的个人隐私和领地一样善待家里的其他地方!这样一来，他才能深深融到家庭氛围中。

要设定界限，并向他解释共同生活要遵守的规则。

再说一遍，说起来容易做起来难!加油!

让人抓狂的角落

要懂得授权。有时我们会抱怨(我就经常抱怨!)，虽然成为唯一一个"全部包揽"的人，但也是实现"掌控"的一种方式。美其名曰不想让孩子"独自面对"，其实是把他们一直当"小孩子"来看待，让他们继续依赖大人。

必须得承认，教孩子干家务需要耗费时间，而我们恰恰缺的就是时间！

我们还要考虑另外一个参数，即教育之重！数代人以来，女孩们总是在晚上玩过家家之类的游戏。您想要的，别人未必想要！比如，我知道我应该在女儿很小的时候就送她汽车玩具，但是当孩子的第一个圣诞节来临时，我还是没能抵挡住全套精致厨房模型的诱惑。

我们可以要求孩子干什么活儿

家不仅仅是父母的家，每个家庭成员都应努力推动家庭正常运转，并学会关心他人。

• 您做好自己"分内的事"，包括购物、做饭。孩子和丈夫可以摆好餐具、餐后收拾桌子等。

• 如果大孩子正好路过面包店，可以让他顺道带面包回家。您最好事先与店主约定付款方式，以避免麻烦。

• 孩子和丈夫把脏衣服放进篮子里，再把篮子放在正确的地方! 这样可以为您节省几分钟时间!

· 要习惯向他们表达您的期望: 为了大家着想, 希望东西能放回原位。(唠叨无数遍后应该就奏效了!)

如何让他们做家务

每个人在社会和家庭中都发挥着自己的作用。教孩子帮忙干家务, 就要重视他们, 不再把他们当成小婴儿看待。承担家务活并没有严格的年龄限制。细心观察, 孩子是否有能力达到您的期望值需要您自己"判断"。不要操之过急, 要和孩子一起权衡利弊, 否则他很快就会放弃帮忙!

对于大一点的孩子, 和他们签署协议进行约定。孩子可以自己决定每周四晚上倒垃圾, 或者清理桌子。口说无凭, 落笔为据! 这样一来, 他就肩负着他认为很重要的使命, 学会遵守承诺和担起责任。

贴士

• 您可以建一个轮值表，这样就不会一直是同一个人干同样的活儿。如果您有三个孩子，可以设置三种星期类型，根据每个孩子的年龄调整不同的任务。

• 供他们选择。你喜欢做什么？收拾洗碗机里的东西还是摆放餐桌？

• 让他们加入挑战！就像参加寻宝游戏一样，他们会喜欢把所有不属于自己房间的物品都找出来，真棒！

• 培养孩子分类处理玩具的习惯，可以和他们一起把不要的玩具送给协会或组织一次车库义卖。

> 然而孩子就是孩子，您所期待的习惯是不会像施魔法一样一夜之间就养成！

您日复一日做同样的事，而他们也必须有自己的习惯！

早上：

铺床

穿衣服

刷牙洗脸

吃早餐

晚上：

为第二天上学做准备（作业、书包）

洗漱

把脏衣服放入脏衣篮

摆桌子

饭后收拾桌子

准备第二天要穿的衣服

定期慢慢添加其他内容

把袜子正面朝外放入脏衣篮

打开百叶窗

关上百叶窗

收拾洗碗机

给猫咪（兔子、狗）喂食

将刚洗好的衣服摊开

衣物分类，一边白色，一边彩色

一次只做一件事是坚持下来的最佳方式！

一般情况下，您会做的活儿18岁的孩子应该都会做，哪怕只是一顿简单的饭菜。

孩子干活时要进行监督，老大11岁时就开始让他做饭，比如自制比萨。让他知道为他人烹饪的乐趣，甚至是每周定一天由孩子们做饭。他们会喜欢的！

当全家人都加入进来时，日常家务就会更快完成，而且家人在一起的时间也会更多！

第七章

开学季、圣诞节，还有每个人的
生日会！快救救我吧！

▼▼▼▼▼▼▼

导语

今年家人都在您家过圣诞节。要准备家庭聚餐,您:

A. 想哭

B. 会准备婆婆不喜欢的东西

C. 跑到最好的朋友家(去拿速冻食品!)

D. 研读专业杂志,试图让婆婆刮目相看

E. 让客人参与进来,而您只需准备好开胃酒

无论何种情形,请看本书指导。

开学返校

　　每年都是手忙脚乱……美妙开心的长假即将结束，妈妈们要忙着购物、做饭、打扫卫生——因为孩子们要开学返校了。

　　我就是这样做的，也由衷地认为自己绝不是唯一一个面临这种情形的妈妈。开学返校的代名词就是噩梦！

开学返校到底是个什么鬼？

　　它其实就是指全家要在短短半个月内步入生活的正轨。

　　只是，大家瞧瞧！家里其他成员都指望着您奉献自己的空闲时间、热情、组织意识、"购物"欲望（剪刀、尺子、牛奶、卫生纸……）！

　　妈妈们时刻得在孩子们面前保持良好形象。想想看，开学给生活带来了诸多变化！比如，开学的第一天：一方面，您满脸笑容（同时也很紧张），在6岁女儿委屈的泪水下同意让她自己梳头；这已经是第三次给她重新叠被子了，因为她叠得既不方正也不美观。另一方面，还要为"有人"指出您没有买对麦片而感到内疚，可是，那些麦片外包装上明明都写着"低糖多维生素"！当您正在努力和小怪兽们斗法，爸爸们此刻却懒洋洋地躺在床上看着新闻频道的连续报道。

深呼吸！"讨厌"的女邻居总是对孩子和风细雨笑容可掬，约会从不迟到，而且打扮清爽像是要去赴晚宴，孩子们的裤子都熨得那么好……但是她也承认，孩子开学第一天她就受不了了，从来没有像现在这样迫不及待地想回去工作！

提前准备

多年来一直因为"9月份孩子要去谁家？"这个问题带来的压力在小学阶段"差不多"结束了。此外，从6月底开始制订那份著名的用品清单并和孩子不断修改，因为这样对孩子和妈妈都好。就连超级大卖场也从 6 月中旬开始扩充与"开学返校"有关的货架！

我敢肯定，您已经看出我要买什么！所以，让我们提前做好与新学年有关的一切准备吧！

用品清单

如果您有好几个孩子，可以列一个"基本用品"共用清单：他们都需要铅笔和橡皮、本子等。这样您就可以大量采购，尤其是基本用品，也许您可以购买维持一整年的量！

为防止周日晚上 8 点过度焦虑，一定要提前做好准备！

注意重复利用

如果 6 月份就把所有物品扔掉，然后 9 月份再全部重新购置，又怎能让孩子明白全年都要好好爱护自己的装备？剪刀可以反复使用，不要随意把它扔到操场上！快速查看文具袋，看看有哪些可以留到第二年使用。列清单前先盘点一下自己的隐性库存。

书包

我知道，以前的书包材质要好得多，但一个书包用两三年不是不可能！如果孩子意识到您半年内不会给他买新书包，那么他们可能就不会在放学时乱扔书包，或者胡乱划伤书包。购买环保商品是很棒，少买一点就更棒了！

我们还可以做得更好。妈妈们不妨给每个孩子买一大管胶水而不是买三小管胶水，这样既可以省钱，还可以少用一些塑料制品。

不带孩子购物

在有小猫咪插图的本子上书写再好不过了。尤其是，大多数时候孩子还会给本子套上一个"可怕"的书皮——好端端的本子就变成了紫色、红色或蓝色的记录簿！

我家孩子挑选的书包要背两年才换，笔袋可以一年一换——但是买什么笔和作业本由我定！就是这个规矩！

网购

这是个好主意！

我可以想象得到，我和孩子们一起带上清单边喝果汁边用手机或电脑购物的情形！我们每个人手里还可以拿着个计算器。

衣服

长假前，是时候把大孩子的衣服拿出来洗洗晒晒，给小点的孩子准备上了。您肯定会在纸箱里发现宝物的，那就不必在 9 月底就购买保暖服，因为您或许还留着大孩子两年前穿过的那件呢。

趁着打折促销进行开学采购吧！一条大一码的牛仔裤，合脚的鞋子，还有袜子……

去度假前一定要准备好一套"漂亮"的返校装（现在能做的事情不要推到以后再做）。别忘了，九月的前三周还是夏天呢！您的女儿可以继续穿上凉鞋迎接新学年的到来！

证件照

您是不是常年被班级照片整得一个头两个大，其实孩子们也经常会拍摄单人照，您已经有证件照可用！

年初时到处有人向您索要证件照，如加入体育俱乐部、舞蹈俱乐部等就需要彩色证件照。在"修图"方面经验丰富的人能把一张漂亮的照片裁剪到合适的证件照尺寸：35毫米（高）× 25毫米（宽），这样就可以了！

您也可以使用一些简单易上手的（免费）修图软件进行修图，在家就可以打印照片，最多可以打印几十张证件照。

家庭规则

开学的日子日渐临近，休假回家后一定要调整好孩子们的作息时间，这样上学后您才不至于太累，特别是您的神经不至于太紧绷！

　　把大家的日程安排好后，就可以制订今年的新规则了。洗完澡后看电视，下午吃完点心后马上写作业，这样游戏时间会更长。您可以按照学校的作息时间表和大孩子一起管理睡觉的时间。

　　熄灯后，我家每个孩子门前总会响起重重的敲门声！是的，他们才不会乖乖睡觉！

　　别以为只有大孩子会半夜爬起来玩游戏。要是凌晨5点发现6岁的女儿躲在被窝里玩粉色掌上游戏机上的游戏——"俄罗斯方块"，我一点都不会感到惊讶……她当然是开启的静音模式，小孩子聪明得很呢！

返校计划

　　8月份制订好返校计划。

　　尽量在8月份：

　　☐预订下一年度课外活动并和其他爸爸妈妈交流。

　　☐制作用品清单。

　　☐将旧书包内的物品扔掉之前，先收集下一年还可以继续使用的物品。

☐合并清单进行批量采购。打开思路！不要忘了包书的封皮——这可从来都不会出现在学校提供的采购清单上。

☐让孩子挑符合个人品味的书包、文具袋……

☐把已经用了一年的书包洗干净，让它亮丽如新！

☐清点一下孩子们的衣物。（有点"分拣 / 扔掉"的意思！）

☐列出在打折季购买的衣物清单。

☐准备好证件照。

☐给孩子们的书房来一次大扫除吧！清空"一切"不必要的，以便以最好的状态开始新的一年。只保留作业本和作业：这是避免记忆负担太重的最好方法！

☐复印常用文件（如果是第一年入学，户籍证明、健康档案册疫苗接种页等这些资料可别忘了）。

☐研究开学返校后的菜单。假期结束前就要提前考虑购物清单！

☐准备好开学要用的书包并贴上姓名标签，要和孩子一起准备，好让他知道自己的书包里装了什么东西。然后把书包锁进柜子，以免好奇的孩子们来试用新买的水笔。

9月份：

□如果头发没理，请去理发店修剪。

□想出些计策让小家伙们忙活起来，不去打扰大孩子写作业，如涂色、拼图、玩橡皮泥等。

□一开学就去收集新朋友的电话号码。

□拿到表格后马上填写！

□根据新的时间安排表，重新查看家里"谁负责哪项家务"。

□根据孩子的年龄和第二天起床的时间，制订关于睡觉、起床、看电视、打电话和用电脑的家庭规则。

□规划开学前两天的趣味早餐……生活重回正轨真不容易！枫糖浆薄煎饼、混合了香蕉和草莓的橙汁、溏心水煮蛋……

□开学头几天早早去学校，并把这个好习惯保持下去！

救命啊，圣诞节！

吃饭啦

　　如果您这位组织者够"幸运"，您应该知道家人不会在圣诞节家庭聚会中品评您的厨艺。不要以为在餐桌上用餐的那 26 个人就一定能体会您在厨房忙碌的辛苦！冷静点，规划一顿简单的菜肴来代替节日大餐，把您想大展身手的欲望留着准备四到六人的晚餐吧！

　　从 11 月份开始就准备菜单。是自助餐，还是正餐？选择可以提前准备的菜式。如果人真的很多（超过 10 人），建议菜式：

- 开胃酒与小吐司（与孩子们一起准备！）
- 牡蛎和烟熏三文鱼
- 香菜南瓜汤配蔓越莓
- 野味烤牛肉配土豆泥和栗子
- 蔬菜沙拉配松子
- 树桩蛋糕搭配进口水果

　　如果妯娌愿意加入，不妨让她带烟熏三文鱼、进口水果或奶酪过来！请记住，可能会有人迟到，晚上聚会开始时派个讨喜的人在门口迎接吧！

提前半个月去食品杂货店采购，这样您在节日到来的最后时刻只需购买新鲜食材。

用餐那天别忘了准备米饭。

数量既不能刚刚好，
也不能铺张浪费

- 1瓶香槟酒可以倒满6只高脚香槟杯。
- 3个人喝一瓶葡萄酒，已经不错了！
- 每人180克肉或鱼。
- 每人6块加热的长土司。
- 每人3片冷吐司。

礼物

经常听取他人建议！

在名为"家"的文件夹里保留一页"专门讨某人欢喜"存储礼物创意。

在超市货架的一角，您可能会发现一个绚丽多

彩、非常漂亮的陶瓷烤盘，它和夏天时姐姐在您家里看到并且爱不释手的那个烤盘一模一样。

这不仅会简化生活，而且圣诞预算会分摊到全年，这样当 12 月的账目出来的时候，您就不会那么为难！准备孩子的礼物也可以用同样的方法。

各大网购平台一般会在 48 小时内送达商品，但这不能成为 12 月 22 日晚上 10 点下单的理由！相反，在这些网站上购物不用担心节日期间人群拥挤，为"圣诞购"预留时间来选购其他礼物。何况临近圣诞的最后一刻，手头上需要处理的事情实在太多了！

记住，您亲自动手"修饰"过的胸针或镜框，比在商店里找到的没有灵魂的长围巾更能彰显爱。

敬自制礼物，节日快乐！

救命啊，每个人的生日会……

哎呀，哎呀，哎呀！

就看您是否喜欢为孩子们偶尔流露出来的慷慨付诸行动了。但我对全班同学（包括老师）都不感冒！我会给最大的孩子和他的至多 5 个朋友准备瑞士奶酪烧——这是一顿真正的晚餐！所幸我只有一个奶酪烧烤盘，可以避免为 11 个即将步入青春期的孩子们准备餐食！呼！您也可以提议，只邀请一个朋友到家里过周末。总之，充分发挥您的想象力吧！

小伙伴的生日？在超市的两个货架之间若遇到些便宜的小礼品，就把它们买下来！给自己留点余地，如果圣诞节所有的礼物还没有送完，我相信您会找到某个人，把礼物送出去！

我、我、我……

· 提前准备，因为我们每年都被问到同样的问题！

· 决定学习用品的购买。

· 购买打折商品。

· 一一核对为返校做准备的购物清单。

· 购买节日礼物和每年的生日礼物。

- 11月初准备圣诞菜单。
- 拒绝邀请女儿的全班同学来家里庆祝她的 6 岁生日！

第八章

这是搬家还是去度假？

导语

假期意味着:

A. 放松

B. 开心

C. 波澜不惊

D. 从容安详

E. 行李箱、购物、烹饪、餐具、打扫卫生、压力、检票时发现车票丢失

无论何种情形，请看本书指导。

搬　家

阿努克很幸运，一年前，她遇到了自己的白马王子。真正的白马王子！

阿努克的白马王子费尽心思找了一处温馨的房子，他们要在这里组建成一个美丽的大家庭。为了让孩子们在爸爸离开期间不那么难过，这天早上，阿努克一个人为孩子们精心布置住所。这时各种心绪纷纷涌上心头，她既害怕又高兴，一想到要独自一人设法搞定所有事情，她就觉得无从下手！

当然，她的白马王子已经提前找好了搬家工人。但她不是搬进有 27 个房间的城堡！她得做出选择……

古老的"分拣／扔掉"之法

搬入新居时，人们通常会举办一个乔迁派对。

在那之前，让我们来个大清理吧！

下午的时候邀请一名闺蜜到家里，就是帮您整理衣柜的那个人，她会知无不言！询问她："你怎么看，把它留下来还是……"她会帮您厘清头绪。

衣服：如果冬天搬家，夏天的东西就直接装入一个贴有标签的箱子里，然后把箱子搬到储物间，几个月后再拿出来。

在家办个"旧物大甩卖"，邀请朋友和朋友的朋友参加！

您可能会得到几个小钱，看到丈夫讨厌的画将挂在最好朋友的家里，会很开心——好吧，这幅画没有给您带来收益，因为您把画送给了她！但是，无论如何您都会度过一个美好的夜晚，心情也会格外轻松！

装 箱

如果您没有选择昂贵的超豪华搬家服务，那肯定要自己打包装箱！

别紧张，一个一个来。

搬家用品：

- 纸箱

- 记号笔

- 记事本

- 每个孩子一种彩色标签，每种均为纯色，在笔记本上注明每种颜色对应的房间。

把彩色标签贴在纸箱上（两面都贴，所以要贴多个标签），给纸箱编号，然后在笔记本上记录箱内物品。您会知道，红色标签的1号纸箱（比如对应的是客厅）里有您的小摆件、花瓶和蜡烛！

搬家小窍门

用家用织物包裹易碎品……

用小毛巾来包高脚杯非常实用。

搬家前一天

像准备周末出游一样，预备一个行李箱装三天要穿的衣服、睡衣之类的物品（还有孩子们的衣物！）。

· 一个纸箱装床单、毛巾和一切能让您变美的必需品。别忘了卫生纸，您会用到它的！

· 建议孩子们把平时随身携带的物品装到一个小包里：游戏机、手机、毛绒玩具、小玩意……因为，说句实话，拆箱带来的乐趣不会超过十分钟！

想想日后的幸福吧！

啊，放假啦！

无论是夏天还是冬天，我们的行李箱里总是放着"十倍多"的东西。就像蜗牛忍不住要把"全部家当"都捎带上！

儿童行李

男孩子的行李容易收拾。因为不用带那些漂亮的长裙！

夏季一周假期

· 3条短裤或3条连衣裙或3条半身裙

· 7 件 T 恤 (第二天早上穿的不能是前一天晚上穿得脏兮兮的那件!好吧,那就 8 件,以备不时之需)

· 7 双袜子

· 7 条平角或三角内裤

· 1 条长裤 (身上穿的裤子除外)

· 1 件漂亮的衬衫 (去餐厅时穿) 或一身特别的长裙 (女孩!)

· 1 双球鞋 (或舒适的便鞋)

· 1 双拖鞋

· 2 套泳衣 (其实 1 套就够了,但我总是习惯带 2 套,改不了了!)

· 1 件女式羊毛开衫或 1 件薄毛衣 (天有不测风云!)

· 1 顶鸭舌帽

· 1 件雨天穿的轻薄外套

· 1 副太阳眼镜

寒　假

- 把短裤换成长裤（3条就够了）
- 不要忘了滑雪服
- 太阳眼镜
- 无边软帽
- 手套
- 长围巾
- 3双袜子
- 2件厚羊毛衫
- 1件保暖的大外套
- 女生和男生都可以穿的秋衣秋裤，因为它能让腿暖和起来！

大　人

- 3套白天穿的衣服
- 3套晚上穿的衣服

盥洗包

- 高防晒指数儿童防晒霜

- 牙刷
- 牙膏
- 面霜
- 护肤凝露
- 晒后修复霜（冬天用很凉）
- 除臭剂
- 香水
- 沐浴露
- 洗发水
- 护发素
- 梳子和刷子
- 吹风机（可以提前确认是否需要带）
- 化妆品

急救箱

- 创可贴
- 医用纱布
- 抗菌剂
- 红霉素软膏

- 对乙酰氨基酚
- 止泻药
- 儿童健康档案手册

可以放到旅行箱中的文件

- 旅游指南、地图、宣传册
- 亲友电话号码和地址
- （去国外旅游时）本国驻当地使领馆电话及地址
- 下列清单中列举的文件复印件

需要随身携带的文件

- 交通票据（飞机票、船票、火车票……）
- 护照和身份证
- 银行卡
- 紧急援助和遣返号码（去国外旅游时）
- 如有随身携带药物，出示医生处方
- 如确有需要也可准备外币

其他注意事项

• 记得给先生拿一件衬衫和领带。因为有些国家进入餐厅必须打领带！

• 如果假期较长,可能不需要带很多物品。询问居住地周围是否有洗涤设施。

• 不妨带上电蚊香,有时酒店真不一定有蚊香加热器！

• 别忘了抹在身上的驱蚊液。

• 对于冬季运动,如果您还没有投保山地运动保险,请咨询保险公司。

美丽的夏令营

各个机构经常会提供一个"密密麻麻"的清单。请按照清单要求做好准备,因为这些机构比您更了解孩子的夏令营目的地！

我有我简化生活的诀窍:在网上订购个性标签,只要购买新衣服就将个性标签缝上去,现在我已成为缝标签女王！

我丈夫很讨厌在自己的抽屉里看到大儿子的袜子，所以在漫长的冬夜里我用棉线给每只袜子上缝上彩色的标记。每个孩子袜子上标记的颜色都不同。以后再也没有出现过袜子放错柜子的问题！

结　语

如何让一个不完美的女人成为一个幸福的女人？

我自己就是个女人，希望事业能够成功，成为理想的家庭主妇，享受天伦之乐，保持良好身材……

有时候觉得做个漂亮的傻女人很适合我，特别希望自己什么都不会干，只要会做法式美甲就好！

"不幸的是"，我不仅聪明可人，还兼任厨师、电工、清洁工、老师、水管工、毛绒玩具修补师、司机……总之，我就是一个女超人！

而每年有那么几天，白天周旋在专制的老板和调皮的孩子之间，连个喘息的时间都没有时，晚上就会准备火腿肠、意大利面、糖煮水果！我感到很自责，却笨拙地想让家人也感到自责……

"什么？我的火腿不好吃？！你们今天为我做了什么？"

然后，砰的一声，此番责备让孩子们内疚，而我也自责不已！

有人会说，我们这些妇女怎么老是在抱怨。确实是这样！因此，我还是要问一句：如何让一个不完美的女人成为一个幸福的女人？

全世界都在教育未来的家庭主妇要做"完美女人"，即把丈夫照顾得妥妥帖帖，准备晚餐、给孩子擦洗都不用丈夫插手，妻子满脸笑容地倾听，从不对男人提出异议。白天工作疲惫不堪，下班回家后"一家之主"可以躺在舒适的扶手椅上悠闲地放松休息，女人则除了要把自己的精力投入喜欢的消遣活动，回家还得打扫卫生、擦窗户、购物、准备饭菜、带孩子……唯一的问题便是，我们全然忘记了女人也有自己的思想，也向往幸福和自由！

得益于法国妇女解放运动 —— 和我的母亲！——妇女们开始起来反抗。今天，妇女权利已得到认可，妇女自由受到关注，我们需要和自己"和平共处"，即使要做到这并不容易。因为对于不完美的幸福女人来说，根本就没有什么指南！

我想我的问题只有一个答案：先找一个"完美男人"！

但是这世上根本就没有"完美男人"！

这样也好，不然，女士们聚在一起喝茶时还有什么谈资？

美味食谱和生活小窍门

坦率地讲，5 分钟做好一顿饭是根本不可能的事。一顿营养均衡的膳食总会要花点时间用心去准备。说实话，准备工作需要 30 分钟，而我的大多数食谱的烹饪也要在烤箱里烤 25 到 30 分钟……也就是说，在烹饪过程中，您不用站在烤箱前一直盯着！您完全可以一边切胡萝卜一边让孩子背诵课文，或者向大儿子传授切洋葱不流眼泪的技巧！最终，大家都能从烹饪的过程中受益。

如此看来，全家参与烹饪实属正常！

度量单位和等量换算

把孩子最后用过的那个奶瓶保存起来。奶瓶容量刻度可达 350 毫升，对测量液体非常实用。

- 1 汤匙（糖、面粉……）≈ 15 克

- 1 玻璃水杯 = 200 毫升

- 1 马克杯 = 250 毫升

四季的水果和蔬菜清单

春天

水果

樱桃	柠檬	草莓	猕猴桃
番石榴	橙子	苹果	青枣

蔬菜

洋蓟	芦笋	甜菜	油菜
卷心菜	胡萝卜	芹菜	花菜
豆瓣菜	洋葱	莴笋	菠菜
蚕豆	豌豆	生菜	茼蒿
白萝卜	洋葱	水芹	小青菜
青豆	大葱	土豆	冬南瓜
红皮萝卜	小葱	韭菜	洋姜

夏天

水果

杏子	西瓜	油桃	黑加仑
樱桃	甜瓜	草莓	覆盆子
杧果	菠萝	椰子	桑葚
蓝莓	榴梿	桃子	梨子
李子	葡萄	百香果	

蔬菜

洋蓟	芦笋	茄子	苋菜
西兰花	胡萝卜	丝瓜	娃娃菜
花菜	香葱	黄瓜	香菜
黄瓜	西葫芦	洋葱	菠菜
龙蒿	山药	蚕豆	四季豆
香菇	秋葵	玉米	洋葱
香芹	青豆	大葱	彩椒
生菜	红薯	冬瓜	番茄

秋天

水果

金橘	西柚	椰枣	无花果
柿子	猕猴桃	核桃	桃子
梨子	苹果	李子	葡萄

蔬菜

莜麦菜	西兰花	胡萝卜	芹菜
蘑菇	白菜	黄瓜	西葫芦
彩椒	菠菜	四季豆	芸豆
番茄	白萝卜	洋葱	大葱
小南瓜	冬南瓜	红皮萝卜	

冬天

水果

砂糖橘	小柑橘	冬枣	猕猴桃
橘子	莲雾	橙子	柚子
梨子	苹果	草莓	甘蔗

蔬菜

甜菜	胡萝卜	芹菜	蘑菇
菠菜	白菜	大白菜	洋葱
大葱	茴香	白萝卜	小南瓜
冬南瓜	生菜	土豆	

我与烹饪

一场美丽的邂逅！我爱烹饪。但是和所有女士一样，我既没有时间也不愿意天天晚上准备丰盛的晚餐。

一碗火腿面，上面放上一个煎蛋和少许香芹，火腿切成小片用木签串成火腿卷，外加一盒牛奶——说实话，这已经比简单的清汤面好吃多了……

注意摆盘！孩子们肯定会感觉眼前一亮！

本人常用烹饪用具：

- 蒸锅

- 炒锅（非平底）

- 食品搅拌器

- 高压锅

- 砂锅（将腌制好的一只整鸡，不加其他配料放入砂锅，盖上盖子放入 200 ℃的烤箱内烤 45 分钟，美味烤鸡便可新鲜出炉！）

- 电饭煲

- 微波炉

- 烤箱

为什么、如何、因为、什么意思？

如何去除手上的蒜味？

把柠檬切成两半擦手！

如何给全熟水煮蛋剥壳？

将鸡蛋放到醋水（1匙醋）中煮熟，用冷水冲一下再剥壳。

为什么切洋葱会流眼泪?

洋葱中含有一种挥发性强的刺激性液体。人们剥开洋葱表皮切洋葱时,这种液体的挥发物会进到眼睛,导致眼睛刺痛从而流眼泪。怎么办?办法就是在水里剥洋葱!(把洋葱浸没到水中,不是让您待水里!)

如何快速剥洋葱?

先将洋葱切成四瓣再剥!之后再去皮会更方便。

"涂保护层"是什么意思?

在抹了油的模具内侧铺上烘焙纸或撒满面粉。目的是让美味佳肴更容易脱模!

"裹面包粉"呢?

将食物沾上牛奶或蛋液后再裹上面包粉。

什么是"烫煮"?

将食物浸入冷水,煮沸。

为什么叫"隔水炖"?

隔水炖是指将需要加热或保温的食物放入一个容器,再将该容器放入盛热水的稍大的容器内进行烹煮。

我能否不用丝线就将酱汁"连接"起来?

可以,只需在酱汁中加入特定的配料使其变黏稠就能做出浓稠酱汁。

"切段"是什么意思?

切成至少 4 厘米长的大块。

美味食谱

我推荐的食谱是按一家四口来计算用量的。蛋糕和馅饼为 6 人份。您可以根据客人的数量或孩子胃口的大小来决定食材用量。

酱汁和基础知识

咸味蛋糕(坯)

准备时间:10 分钟

烹饪时间:40 分钟

- 面粉 100 克
- 土豆淀粉(或玉米淀粉)20 克
- 鸡蛋 3 个
- 食用油 100 毫升

- 牛奶 120 毫升
- 发酵粉 1 小袋
- 盐 1 咖啡匙
- 干酪碎 100 克

烤箱调至 180 ℃预热

将面粉、淀粉、盐和发酵粉放入一个容器内混合搅拌。倒入食用油、温牛奶和鸡蛋，快速混合搅拌。将面糊倒入蛋糕模具。千万别忘了撒上奶酪丝！它能起到粘连的作用，防止配料最后"可怜"地沉到蛋糕底部。放入烤箱烘烤 40 分钟。

自制蛋黄酱

将 1 个蛋黄、1 咖啡匙芥末、盐和胡椒粉适量混合搅拌（用手动打蛋器或电动打蛋器），慢慢倒入 250 毫升菜籽油细细搅拌。有什么秘诀吗？那就是不停地搅拌。我知道胳膊会有点酸，不过您很快就会得到回报！最后加 1 咖啡匙醋或 1 个柠檬的汁来调味。

准备多种酱料：

橄榄油蒜泥酱：2瓣蒜捣成泥，加入蛋黄和橄榄油。

塔塔酱：在蛋黄酱中加入1个压碎的熟蛋黄，芥末1汤匙，刺山柑花蕾末、醋渍小黄瓜末、白洋葱末和香草末各1汤匙。

鸡尾酒酱：加入1汤匙番茄酱和少许白兰地或威士忌！

自制失败后的补救方法

· 做失败的蛋黄酱1/2咖啡匙

· 凉水1/2咖啡匙

· 食用油1咖啡匙

1/2咖啡匙蛋黄酱加入凉水轻轻混合，然后逐渐加入1咖啡匙食用油，再将剩下的蛋黄酱全部加入！如果真的不行，好好哭一场，重新再来一次！

快速派皮面团（派皮）

准备时间：5 分钟

- 面粉 250 克
- 黄油 100 克融化或橄榄油 100 毫升
- 50 毫升温水
- 盐 1 咖啡匙

把材料放入一个密封的碗内后拿起碗往各个方向大力摇晃，使其充分混合成为面团，摊开面团成派皮。

> 也可以加些香草：牛至、普罗旺斯香草……

法式咸派

准备时间：15 分钟

烹饪时间：25 分钟

- 牛奶 250 毫升（1 马克杯）
- 鸡蛋 3 个

- 干酪碎 150 克（1 马克杯）
- 鲜奶油满满 2 汤匙
- 盐、胡椒粉
- 烟熏培根

烤箱温控器调至 180 ℃预热

准备一个派皮面团，为方便脱模，先在盘子里刷一层薄油再摊上擀好的面皮，或者在饼盘里铺上一张市售的派皮。沙拉碗中打入鸡蛋，加入牛奶、鲜奶油、盐和胡椒粉后用打蛋器打发。将准备好的材料倒在挞底，再放上培根，撒上干酪碎。放入烤箱烘烤 25 分钟。

法式咸派有多种变化口味：加入做菜后剩下的鸡胸肉，一盒青豆，搭配沙拉食用！

白酱（贝沙梅尔酱）

1 碗的分量

准备时间：10分钟

- 食用油80毫升（1/3马克杯）
- 面粉50克（3大汤匙）
- 牛奶250毫升（满满1马克杯）
- 盐

牛奶中放盐加热至滚烫，倒入面粉中，倒入食用油混合搅拌。酱汁调配均匀后盖上盖子静置5分钟即可。酱汁做好后可倒在蔬菜上调味。

也可添加肉豆蔻或生姜末（或姜粉）来增香。

洋葱酱

一罐可重复利用的酱料！

准备时间：15分钟

- 白洋葱5个
- 蒜瓣1个
- 橄榄油1马克杯
- 普罗旺斯香草适量

·您能找到的新鲜香草末（鼠尾草、百里香、平叶欧芹、香葱……）2汤匙

·盐、胡椒粉

将新鲜的普罗旺斯香草切碎放入罐内，加30毫升开水，让香草发挥最大功效！2分钟后，加入切碎的白洋葱及蒜瓣。加盐和胡椒粉，倒入橄榄油，刚好没过酱汁材料。

这款酱料可在冰箱里保存15天，与烤肉和蒸鱼搭配很不错。

西葫芦酱

1碗的分量

准备时间：15分钟

烹饪时间：10分钟

·西葫芦2个

·白洋葱2个

·蒜瓣1个

·橄榄油1马克杯

· 罗勒

西葫芦放入盐水锅中煮熟或蒸熟。10分钟后取出。白洋葱和蒜瓣切成薄片。将所有材料放入搅拌机内，加橄榄油和罗勒后启动搅拌机……嗯，味道不错！

西葫芦番茄酱

1碗的分量

准备时间：15分钟

烹饪时间：10分钟

· 去皮番茄酱1罐

· 西葫芦2个

· 蒜瓣1个

· 糖粉1咖啡匙

西葫芦放入盐水中煮或蒸（最好是蒸！）10分钟。

将所有材料放入搅拌机搅拌！几秒钟后，意面沙司就做好了！还可以加入罗勒，"甜蜜生活"有滋有味！

西餐头盘

椰奶清汤

准备时间：20 分钟

烹饪时间：15 分钟

- 水 1 升
- 鸡胸肉 1 块
- 椰奶 1 盒
- 香菜 1 把
- 蒜瓣 1 个

鸡胸肉切条放入锅中煮熟。

蒜瓣用刀背拍碎，放入水中煮开。大蒜可使汤汁增香，但食用前要将其去除！

加入煮熟的鸡胸肉，捞出蒜头。关火，倒入一半椰奶，撒上香菜末，与鸡胸肉一起趁热食用。

金枪鱼馅饼

准备时间：20 分钟

烹饪时间：30 分钟

- 春卷皮 4 张

- 口感粉糯的大土豆 2 个
- 橄榄油金枪鱼大罐头 1 盒
- 洋葱 1 个
- 糖粉 1 咖啡匙
- 鸡蛋 4 个
- 肉豆蔻或孜然 1 小撮

土豆清洗、去皮并切丁，然后放入盐水的锅中煮 20 分钟。

煮土豆的同时，洋葱切片放入锅中加油煸炒，起锅前加 1 咖啡匙糖。将土豆捞出沥干水分，用勺子捣成泥。加入刚沥干的金枪鱼、洋葱、肉豆蔻和少量食盐。

春卷皮中放入 2 汤匙金枪鱼泥，并在鱼泥中间挖一个窝。打一个蛋到鱼泥窝中，用春卷皮折叠包裹。

平底锅内放油加热。馅饼放入锅中煎 10 分钟并经常翻面查看。用纸巾吸干表面的油后再食用。

圣女果马苏里拉芝士串烧

准备时间：5 分钟

- 圣女果
- 马苏里拉芝士球
- 木签
- 橄榄油
- 罗勒
- 盐

用木签挨个串上圣女果和马苏里拉芝士球，罗勒切成末后放入橄榄油搅拌，加一小撮食盐将罗勒酱放入盛放烤串的单独烤盘中。

天堂鸡尾果汁

准备时间：10 分钟
- 去皮大番茄 3 个或大罐番茄罐头 1 瓶
- 胡萝卜汁 2 杯
- 1 个青柠檬榨汁备用
- 芹菜盐
- 酱油 1 咖啡匙
- 冰块

将番茄与胡萝卜汁混合，加入青柠檬汁和 1 咖啡匙酱油。根据个人口味，加入芹菜盐和冰块。杯中插入一根芹菜梗（为什么不加上一把牙签伞？）。

家里有果蔬榨汁机的，可以将胡萝卜汁换成4根胡萝卜榨汁，也可以加上1根芹菜梗一起榨汁。

新鲜番茄鸡尾果汁

准备时间：5分钟

· 黄瓜1根

· 番茄3个

· 牛油果1个

· 柠檬1个榨汁备用

· 罗勒叶

· 盐

黄瓜去皮、去籽。牛油果去皮、去核。番茄与其他材料放入搅拌机搅拌。每杯放一片罗勒叶，增加美感。牛油果将为鸡尾酒带来无可比拟的丝绒般口感。加入冰块后趁凉饮用。

鲜奶酪黄瓜盅

准备时间：10 分钟

· 黄瓜 1 根

· 番茄 1 个

· 鲜奶酪

· 香葱

黄瓜去皮切成 4 厘米长的段。用小勺把黄瓜段挖空，填入鲜奶酪后放在番茄圆片上。奶酪中放入些许香葱段，这道美丽而富有活力的开胃菜就可以供人享用了。

惊喜黄瓜

准备时间：15 分钟

烹饪时间：10 分钟

· 黄瓜 1 根

· 全熟水煮蛋 2 个

· 蛋黄酱 3 汤匙

· 切得很薄的生火腿 4 片

· 香葱

· 盐、胡椒粉

· 小木签

鸡蛋放入沸水中煮 10 分钟。黄瓜洗净，用削皮器去皮，削一段留一段。切成 3 ~ 4 厘米的段，挖空留底肉。

用叉子把鸡蛋弄碎（别忘了把壳去掉，鸡蛋壳可不好吃）。加入蛋黄酱和香葱进行搅拌。黄瓜周围用木签扎上腌制火腿"卷"。用小勺轻轻地把蛋黄酱舀到黄瓜块内。

冷藏后食用。

自制西班牙冻汤

准备时间：5 分钟

· 黄瓜 1 根

· 去皮大番茄 3 个（或大罐番茄罐头 1 瓶）

· 柠檬 1 个榨汁备用

· 黄椒 1 个

· 罗勒

· 盐

黄瓜去皮、去籽。将番茄与黄瓜放入搅拌机搅拌。加入柠檬汁和罗勒。继续搅拌。加入少量食盐。黄椒切丁。撒入黄椒丁，冷藏后食用。

浇上蛋黄酱的半边煮鸡蛋

准备时间：15 分钟

烹饪时间：10 分钟

- 鸡蛋 5 个
- 蛋黄酱
- 盐、胡椒粉
- 香芹做点缀

将鸡蛋放入水中煮 10 分钟。鸡蛋冷却后去壳，并纵向对半切开。小心取出蛋黄，第五个鸡蛋不用取蛋黄。用叉子将蛋黄和第五个整鸡蛋压碎捣成泥。加入蛋黄酱。最后将酱填入蛋白，再配上几颗番茄，味道真美。

西葫芦沙拉

准备时间：15 分钟

烹饪时间：10分钟

- 西葫芦3个
- 蒜瓣
- 松子
- 葡萄干
- 酸醋汁

西葫芦洗净去蒂，用削皮刀纵向削皮，切细丝，但是要把瓤去掉（西葫芦籽可不容易消化）。

平底锅中放少许橄榄油，加入蒜末。油热后发出嗞嗞声时，放入西葫芦丝。

充分翻炒2分钟。然后将西葫芦盛出，沥干水分。将松子放入锅中无油翻炒1分钟。

西葫芦中加入松子和葡萄干。冷藏后的沙拉淋上香醋汁即可食用。

杜果沙拉

准备时间：15分钟

- 成熟度不高的杜果1个
- 小洋葱头1个

- 酸醋汁
- 香菜（非必要）

杧果去皮。用刀将杧果切成条，再将条切成小块。

小洋葱头切成很薄的薄片。将各类食材放入一个碗内拌匀，食用前可切一些香菜叶放入。

果干意面沙拉

准备时间：15 分钟

烹饪时间：10 分钟

- 400 克斜切通心粉
- 杏干 2 个
- 几片芝麻菜叶
- 葡萄干少量
- 圣女果多个
- 榛子、核桃、杏仁
- 无花果干 3 个（口味很棒）
- 香醋汁
- 孜然 1 咖啡匙

锅中放大量的水并加盐溶化，放入面条煮10分钟。面条捞出时一定要筋道！

面条冷却后，撒上孜然。杏干、无花果干切碎（葡萄干除外，因为它已经够小了），然后将榛子、核桃、杏仁等放入果干中。将圣女果切成两半放入沙拉碗中，加入芝麻菜叶，淋上香醋汁。

椰奶浓汤

准备和烹饪时间：25分钟

- 生虾仁8个
- 洋葱1个
- 蛋黄1个
- 蛋黄酱1汤匙
- 咖喱粉1咖啡匙
- 面粉1汤匙
- 脂肪含量5%的液体奶油250毫升或1马克杯
- 椰奶300毫升
- （制成方块状的）鸡肉汤块
- 盐、胡椒粉

洋葱去皮切片。用少量黄油煸炒2分钟。加入咖喱粉并撒上面粉。

1分钟后倒入椰奶和鸡肉汤块，搅拌。将火关小，防止椰奶凝固。不停搅拌，直至汤表面出现薄油脂层。

关火，将蛋黄打散倒入汤内，加入虾仁和奶油，开小火继续加热5分钟，出锅！

胡萝卜茴香浓汤

准备时间：10分钟

烹饪时间：15分钟

· 胡萝卜6个

· 茴香球2个

· 土豆1个

· 鸡肉汤块2块

· 水1升

· 液体奶油

· 盐、胡椒粉

胡萝卜削皮切成圆片。茴香球和土豆削皮，但是切成圆片就很困难了！将它们切成喜欢的形状。高压锅加一升水，放入刚才切好的蔬菜和鸡肉汤块烹煮。15分钟便可煮熟！根据个人口味加入奶油、盐和胡椒粉进行调味，然后放入搅拌器搅拌。

西葫芦鲜奶酪罗勒浓汤

准备时间：10 分钟

烹饪时间：10 分钟

- 西葫芦 3 个
- 鲜奶酪（4 人份）
- 罗勒 100 克
- 水 1 升
- 汤块 2 个

西葫芦洗净切丝。将西葫芦、汤块放入水中烹煮至变软后加入罗勒和鲜奶酪，用搅拌器搅拌均匀。您可以在每个碗里加入一点鲜奶酪再食用。

地瓜浓汤

准备时间：15 分钟

烹饪时间：20 分钟

- 大地瓜 3 个
- 土豆 1 个

- 水 1 升
- 汤块 2 个
- 生姜（或冻姜）粉 1 汤匙
- 蒜瓣 1 个
- 洋葱 1 个
- 香菜少许
- 盐、胡椒粉
- 黄油 1 块

地瓜和土豆削皮，切丁。汤锅内放入黄油加热熔化，洋葱和大蒜切成薄片，煸炒。加入地瓜和土豆，1 汤匙姜粉、盐、胡椒粉，倒入 1 升水并加入汤块。开盖煮 20 分钟。

食用时撒上香菜末。

神秘浓汤

准备时间：15 分钟

烹饪时间：25 分钟

- 大葱 1 根
- 胡萝卜 4 个

- 土豆 2 个
- 洋葱 1 个
- 水 1 升
- 汤块 2 个
- 盐、胡椒粉
- 黄油 1 块
- 油炸面包丁
- 青豆罐头 1 瓶
- 猪肉丁 1 袋

所有蔬菜洗净，切丁。

黄油放入砂锅中熔化，依次加入洋葱丁、胡萝卜、法国大葱和土豆。加盐和胡椒粉，然后加入 1 升（水和汤块制成的）汤，漫过蔬菜煮 25 分钟。同时，将猪肉丁放入锅中翻炒。将猪肉丁、面包丁、青豆放入汤盘。搅拌汤汁并装盘。

孩子会享受在汤中"捞鱼"的乐趣！

乐芝牛奶酪南瓜浓汤

准备时间：15 分钟

烹饪时间：20 分钟

- 冬南瓜 1/4 个
- 土豆 1 个
- 水 1 升
- 蔬菜汤块 2 个
- 三角形奶酪 4 份
- 低脂鲜奶油

奶酪剥去包装纸切块，南瓜、土豆削皮切块。在 1 升水中放入 2 个汤块，烧开。加入切好的蔬菜煮 15 到 20 分钟。

放入奶酪用搅拌器搅拌均匀，根据需要加入鲜奶油、盐和胡椒粉。

冬南瓜可以用 1 千克西葫芦代替。撒上罗勒碎！

香菜酱汤

准备时间：10 分钟

烹饪时间：15 分钟

- 水 1 升
- 汤块 2 个
- 香菜 1 把
- 胡椒
- 荞麦面或米线（也可以用通心粉）
- 青豆 1 小把（作点缀）

这款肉汤虽然制作非常简单，但我的孩子很喜欢吃：他们称其为"汤汁"！我得去弄清楚为什么……

用大量的盐水将面条煮熟，放置一旁备用（日式面条或米线煮 6 分钟）。1 升水煮开，加入汤块和少许胡椒粉。加入青豆，加盖煮 5 分钟。上桌前将一把香菜切碎并加入面条。出锅！

翡翠汤

准备时间：15 分钟

烹饪时间：25 分钟

- 西葫芦 3 个
- 小土豆 3 个
- 蚕豆 100 克
- 牛油果 1 个
- 生火腿 2 片
- 奶油 2 汤匙
- 汤块 1 个
- 小白菜
- 橄榄油
- 菠菜苗少量
- 雪维菜

西葫芦洗净切成圆形薄片。土豆削皮切块。蚕豆剥壳。

将所有蔬菜放入一个大锅，倒入 1.5 升水并加入汤块煮开。开盖煮 20 到 25 分钟。

煮汤时将牛油果去皮去核切成小块放入汤锅。加入液体奶油和几根雪维菜。

将汤倒入搅拌机，如果汤太浓稠可加点水进去，然后进行搅拌。试味后再加入适量的盐和胡椒粉进行调味。将汤汁分装在盘子、碗或玻璃杯中。每人的汤内加入 3 片菠菜叶（嫩芽）、几块火腿丁、一根小白菜和一点橄榄油。真好吃!

西缅番茄

准备时间：15 分钟

- 番茄 4 个
- 玉米罐头 1 小瓶
- 蛋黄酱 2 汤匙
- 鱼肉棒 4 个（或小罐金枪鱼罐头 1 瓶）
- 小木签
- 去核绿橄榄 4 个

番茄横切成杯状，挖去茄籽。鱼糜弄散。

玉米、鱼糜、蛋黄酱放入沙拉碗中混合均匀。填入横切去籽的番茄内，盖上番茄盖。每根小签插一个橄榄放在番茄上做装饰!

正餐
奶酪烧拼盘

准备时间：25 分钟

烹饪时间：20 分钟 30 秒

- 土豆 1 个 / 人
- 法国白火腿
- 生火腿
- 奶酪 3 片 / 人
- 醋渍小黄瓜
- 番茄 1 个 / 人

土豆放入汤锅中，水煮 20 分钟。土豆大的话可以切小点，这样熟得更快。

与此同时，把火腿、醋渍小黄瓜、切成圆片的番茄放到一块木板上。

当筷子可以毫不费力地插入土豆时，就说明土豆已经熟了。您只需把它们摆在盘子里，然后上面放满奶酪片即可。每个盘子放入微波炉转 30 秒使奶酪熔化。然后加入番茄、醋渍小黄瓜和火腿片就可以开吃啦！

为节省时间，可在前一天将土豆煮熟！

来自远方海岛的甜／咸味拼盘

准备时间：15分钟

- 橙子1个
- 圣女果1盒
- 鱼肉棒（或小鸡腿、火腿串、鸡尾酒香肠）
- 猕猴桃2个
- 黄瓜2～3片/人
- 玉米罐头1小瓶
- 草莓或覆盆子若干
- 蛋黄酱1汤匙
- 全麦面包3片（切成1.5厘米宽的长条）
- 用来涂面包的鲜奶酪

橙子切成四份，圣女果洗净。猕猴桃去皮，切成块状。玉米粒沥干，与蛋黄酱混合拌匀。在面包片上涂上鲜奶酪。一起摆放在盘子里。孩子看到五颜六色的盘子时会感到很新奇，同时食材还全部能食用，简直太有趣了！

您可以搭配纯液体酸奶（加几毫升牛奶），并在酸奶中倒入几滴糖浆！

椰汁鸡胸肉配印度香米饭

准备时间：10 分钟

烹饪时间：20 分钟

- 鸡胸肉 4 块
- 青柠檬 1 个
- 生姜末（或姜粉）1 咖啡匙
- 蒜瓣 1 个
- 洋葱 1 个
- 番茄 2 个
- 西葫芦 2 个
- 椰奶 1 盒
- 香菜

青柠檬对半切开，煮熟的鸡胸肉撕成丝放置一旁备用。洋葱切成薄片，蒜瓣切成末。番茄切成四瓣，西葫芦切成大块。砂锅中倒入食用油，烧热后放入洋葱和蒜末，煸炒成漂亮的金黄色时放入鸡胸肉，撒入姜粉。翻炒 5 分钟，使鸡肉颜色变得漂亮。然后将番茄和西葫芦放入砂锅。加盐和胡椒粉，倒入椰奶，中火煮 15 分钟。食用前撒入香菜末。搭配印度香米食用。

白汁小牛肉或白汁猪肉

准备时间：25 分钟

烹饪时间：30 ~ 60 分钟

- 小牛肉或猪肉 800 克切块
- 去脂鸡肉汤块 3 个
- 白葡萄酒 1 杯
- 巴黎蘑菇 1 大罐
- 柠檬 1 个
- 胡萝卜 2 个
- 芹菜梗 1 根
- 月桂叶 1 片
- 洋葱 2 个
- 丁香 2 颗
- 肉豆蔻
- 土豆淀粉（或面粉）1 汤匙

洋葱 1 个切薄片，入锅并加油煸炒至金黄。放肉。肉上撒上面粉，搅拌均匀。另外 1 个洋葱插入 2 颗丁香入锅，加入 1 片月桂叶、胡萝卜圆片、芹菜梗。加盐和胡椒粉。倒入白葡萄酒，然后加水没过肉。加入汤块，并盖上盖子煮 30 分钟，直至气门转动（如果没有高压锅，则需要煮 1 个小时）。

如果不喜欢酱汁的浓稠度，可用一大匙土豆淀粉勾芡。碗中倒入土豆淀粉，边搅拌边慢慢倒入 1 汤匙酱汁。将淀粉酱汁液倒入锅中。如果直接将淀粉倒入锅中，则很可能出现难看的淀粉疙瘩！

撒上少许肉豆蔻，必要时增减调料调味。搭配米饭食用。

米线加春卷

准备时间：25 分钟

烹饪时间：15 分钟

- 生菜
- 鲜黄豆苗
- 黄瓜 1 根
- 柠檬 1 个
- 鲜薄荷叶
- 胡萝卜 2 个
- 腰腹部牛排 2 块
- 蒜瓣 1 个
- 春卷 4 个（半成品）

- 米线

- 酱油

- 糖粉2汤匙

- 花生碎少量

- 香菜

牛肉切成小薄片放入盘中。倒入1汤匙酱油，1汤匙糖。大蒜切成蒜末并加入腌泡汁。静置备用。

胡萝卜擦丝。黄瓜切成圆形薄片。将相当于1杯水量的腌泡汁煮开。趁热关火，倒入柠檬汁和剩余的汤（1汤匙）。

生菜洗净，沥干并将叶子细细切碎。

水加盐煮开。加入米线煮2分钟。捞出沥干水分备用。

将肉放入平底锅或炒锅的热油中煸炒4分钟。柠檬和糖加入腌泡汁，变成酱汁。

春卷放入烤箱，温控器调至180℃加热。

可用两种方式呈现这道美味的正餐。

- 将食材分别放在碗或盘子里，并摆放在桌子中间，每人都可"打造"自己的盘中餐。

- 或者，按照真正的亚洲用餐方式，大碗分层依次码上：生菜、黄豆苗、热米线、胡萝卜丝、黄瓜片、肉、对半切开的春卷、花生。淋上柠檬酱汁。放入薄荷和香菜碎。

柠檬奶油牛肉丸

准备时间：20分钟

烹饪时间：15分钟（米饭）

· 牛肉馅500克

· 柠檬2个

· 小土豆1个

· 孜然

· 鲜奶油2汤匙

· 盐、胡椒粉

土豆削皮擦丝。柠檬榨汁备用。在肉上撒上一整个柠檬压榨的汁，再放入土豆丝、孜然，并用盐和胡椒粉调味。盖上保鲜膜腌10分钟。锅中放3汤匙油。将肉馅制成乒乓球大小的丸子（可以让小朋友洗干净"小手"来帮忙）。油温很高时放入丸子，大火煎5分钟。当丸子的一面呈金黄色时，用叉子翻转并停止烹饪。将剩余的柠檬汁倒在丸子上，盖上盖子焖 10 分钟。食用前加入鲜奶油搅拌并用小火加热 1 至 2 分钟。 根据需要进行调味。

卷边馅饼

准备时间：15 分钟

烹饪时间：20 分钟

- 快速面团（我并不反对用现成的油酥皮或千层酥饼皮）
- 香草大蒜鲜奶酪
- 番茄 3 个
- 蛋黄 1 个

烤箱温控器调至略低于 200 ℃。

把面团擀薄摊开，用饼干刀（或碗）切出直径 10 厘米的圆形面皮。每个圆形面皮中间铺上香草奶酪，放 2 片番茄、一小块奶酪和几滴橄榄油。面团捏好收口，防止烤制时开裂。蛋黄刺破后将蛋液刷在面皮上。如果没有糕点刷，可以用一张折叠的吸水纸代替！

烘烤 20 分钟。外皮烤成美丽的金黄色时取出，孩子们已迫不及待围坐在桌边享受舌尖上的惊喜！

这道菜品完全可以变身为番茄奶酪派、香草奶酪派和大蒜派！

热狗风味西葫芦

准备时间：20 分钟

烹饪时间：10 分钟

- 西葫芦 4 个
- 味道不刺激的芥末
- 孩子爱吃的美味番茄酱适量
- 斯特拉斯堡香肠 8 根
- 格鲁耶尔干酪碎 150 克
- 黄油

西葫芦洗净纵向对半切开，入锅蒸 10 分钟或放入盐水中煮 10 分钟。要用小勺将籽挖出，留出空间放香肠！

4 瓣西葫芦填满（芥末和番茄）酱、香肠和格鲁耶尔干酪。另外 4 瓣西葫芦只放入格鲁耶尔干酪，将西葫芦合二为一放入烤箱，温控器调至 200 ℃烤十来分钟。配料已含足够盐分，无需再另外加盐！

速熟古斯米

准备时间：20 分钟

烹饪时间：高压锅煮 30 分钟，普通锅 1 个小时

- 羔羊的颈肉或排骨顶部肉 600 克
- 也可以再加入 4 个鸡腿，看个人喜好
- 大葱 1 根
- 洋葱 1 个
- 胡萝卜 500 克
- 白萝卜 4 个
- 西葫芦 2 个
- 番茄酱 1 罐
- 去皮番茄 1 小罐
- 古斯米香料
- 去皮鹰嘴豆 1 小罐
- 普通粗面粉
- 橄榄油 2 汤匙
- 小米

大砂锅倒入橄榄油加热。切好的洋葱入锅煸炒至金黄，加入肉和香料翻炒几分钟。加盐和胡椒粉调味。加入切好的蔬菜、去皮番茄和番茄酱。倒入

足够的水后盖上盖子。如果使用高压锅的话，气门转动后煮 20 分钟，普通锅则盖上盖子焖 45 分钟。

番茄炒虾仁

准备时间：20 分钟

烹饪时间：10 分钟

· 冻虾仁 36 个

· 去皮番茄 1 罐

· 蒜瓣 1 个

· 罗勒 1 把

· 白兰地少许（加热时，酒精会全部挥发掉，没有热量只留酒香）

· 鲜奶油 1 汤匙

从冷冻室取出虾仁放入温水中浸泡 10 分钟。虾仁很快就会解冻。

如果用的是整虾，按住虾尾去掉虾头。虾壳很容易就能剥除。这一步不用花很多时间！

炒锅放油加热。大蒜去掉中间的绿胚芽切成薄片，在热油中爆炒。加入番茄和一部分罗勒。加盐，胡椒粉并翻炒均匀。5 分钟后加入虾仁和料酒，大火炒 3 到 4 分钟。起锅前加入奶油，用剩下的罗勒点缀。

蔬菜通心粉

准备时间：15 分钟

烹饪时间：20 分钟

- 西葫芦 1 个
- 土豆 1 个
- 地瓜 1 个
- 胡萝卜 1 个
- 格鲁耶尔干酪碎 1 马克杯
- 新鲜洋葱 2 个
- 鸡蛋 2 个
- 橄榄油 2 咖啡匙
- 盐、胡椒粉

烤箱调至 200℃。

土豆、胡萝卜和地瓜削皮。将所有蔬菜擦丝（西葫芦洗净，但是没必要削皮：除增加口感外，还可以让通心粉颜色亮丽）。

将新鲜洋葱切得很细，并将所有食材都放入一个沙拉碗中搅拌均匀。然后做成一个个小丸子，放在铺有烘焙纸的烤盘上。烤 10 分钟后将丸子翻面。继续烤 20 分钟。

丸子烤熟后可将其冷冻起来，建议晚上人多时取用，只需把它们放入烤箱，调至 200 ℃ 烤 10 分钟即可食用。

牛肉恩潘纳达

准备时间：25 分钟

烹饪时间：20 分钟

- 派皮面团或派皮
- 牛肉馅 400 克
- 洋葱 1 个
- 番茄酱 1 罐
- 糖粉 1 咖啡匙
- 小甜椒 1 个
- 盐、胡椒粉
- 蛋黄 1 个

面团擀薄摊开，环切成多个直径 10 厘米的圆面皮。

烤箱调至 200 ℃。

将切好的洋葱放入橄榄油中煸炒。将菜椒切成小块。加入牛肉馅。3 分钟后倒入番茄酱和 1/3 杯水。注意，肉末酱汁必须保持非常浓稠的状态。

用勺子将馅料放在圆饼皮中央，合上卷边果酱馅饼。重复上述步骤，将所有的饼皮包裹馅料并卷起来放入烤箱烤 20 分钟。

意式米兰炸肉排和罗勒意面

准备时间：10 分钟

烹饪时间：10 分钟

- 肉排 4 块（各种肉排都可以）
- 鸡蛋 1 个（如果人多可以用 2 个）
- 面粉 100 克
- 面包粉 100 克
- 帕尔马干酪碎 1 汤匙
- 盐、胡椒粉
- 柠檬 1 个榨汁备用
- 意大利面 360 克
- 罗勒 1 把

· 橄榄油 2 汤匙

面条

双耳盖锅中放一大锅水，加盐煮开。加入橄榄油 1 汤匙。将意大利面扔进沸水中煮 10 分钟。面条煮熟后关火，面条放冷水中浸泡片刻后捞出。

罗勒切成细末并加入橄榄油 1 汤匙。加盐和胡椒粉。食用前将这种新鲜的酱料加入意大利面中。

炸肉排

将鸡蛋打入汤盘中，加入盐和胡椒粉。将肉片浸入蛋液，然后依次裹上面粉、面包粉和帕尔马干酪碎。平底锅中倒入橄榄油，牛肉片煎 10 分钟，中途翻面。

食用时滴几滴柠檬汁。

不含土豆的薯条

准备时间：几分钟

烹饪时间：10 分钟

· 婆罗门参罐头 1 小瓶

- 胡萝卜 2 根（或嫩胡萝卜 1 罐）
- 西葫芦 2 个

油炸锅中的油加热到 190 ℃。

西葫芦洗净，去皮，切成条状。沥干婆罗门参。新鲜胡萝卜洗净切条蒸 5 分钟。将蔬菜放入油炸锅中炸 4 分钟。瞧，炸蔬菜薯条就做好了！

谷物饼

准备时间：15 分钟

烹饪时间：10 分钟

- 西葫芦 1 个
- 胡萝卜 1 个
- 法国大葱的葱白 1 个
- 蒜瓣 1 个
- 洋葱 1 个
- 提前煮熟的藜麦 2 汤匙
- 鹰嘴豆片 1 大汤匙（或燕麦片、豌豆片……）
- 鸡蛋 2 个
- 小番茄 1 个

西葫芦和胡萝卜洗净后绞碎。法国大葱、小洋葱头和蒜切碎。番茄压碎。鸡蛋打散，加盐和胡椒粉调味。

将所有配料与藜麦混合搅拌。藜麦已提前煮熟，所以无需再煮，没煮熟的藜麦会在煮的过程中吸收掉蔬菜中的水分。

烧开一锅水，水中放入食盐（水的体积为要煮的谷物数量的3倍）。将麦片放入沸水中煮2分钟后沥干水分，与其他食材混合搅拌。

平底锅中放2汤匙油。取混合均匀的食材至手心，然后用手掌轻压做成饼后轻轻放入平底锅中，大火煎4到5分钟。然后轻轻地用铲子翻面，小火再煎5分钟。搭配春卷酱食用。

芝士焗意面

准备时间：10分钟

烹饪时间：25分钟

• 意大利面400克（用弯通心粉做出"真正的"芝士焗面才最正宗）

• 法国白火腿200克

• 巴黎蘑菇罐头100克

- 小洋葱头 1 个
- 鲜奶油满满 2 汤匙
- 黄油 30 克
- 鸡蛋 2 个
- 橄榄油 1 咖啡匙
- 盐、胡椒粉
- 大量格鲁耶尔奶酪碎

锅中放一大锅水加盐煮开，放入 1 咖啡匙橄榄油和面条煮熟，沥干水分，盛在烤盘中。

烤箱调至 200 ℃预热。将鸡蛋与鲜奶油一起打散。将黄油加入烤盘的面条中。将火腿片、沥干的蘑菇、打散的奶油和蛋液、盐、胡椒粉和格鲁耶尔奶酪碎混合搅拌后加入，一起放入烤箱烤 15 分钟。慢慢享用吧！

渔夫焗面

准备时间：25 分钟

烹饪时间：35 分钟

- 胡萝卜 2 个
- 西葫芦 1 个

- 土豆6个
- 洋葱1个
- 冷冻海鲜1袋
- 蒜瓣1个
- 鸡蛋2个
- 鲜奶油1汤匙
- 橄榄油1汤匙
- 奶酪丝100克

烤箱调至200℃预热。

放入1汤匙橄榄油后，洋葱入锅煸炒。放入海鲜和蒜末。盛起来备用。

蔬菜削皮并切成小块后放入锅中蒸10分钟或放入盐水中煮10分钟。沥干水分。混合搅拌或压碎。将鸡蛋与焦糖和盐一起打散。

烤盘内侧涂上黄油，然后将蔬菜和海鲜铺在烤盘内，浇上打散的蛋液和奶油。撒满奶酪丝。放入烤箱烤25分钟。

芝士番茄砂锅

准备时间：15分钟

烹饪时间：35 分钟

- 鸡蛋 4 个
- 番茄 4 个
- 格鲁耶尔干酪碎 80 克
- 奶油番茄调味酱
- 贝沙梅尔酱
- 面包粉
- 盐、胡椒粉

烤箱调至 180℃ 预热。

将鸡蛋带壳煮熟。胡萝卜削皮切成圆片。番茄切成厚圆片。模具内壁刷黄油，依次码上番茄，切成片的熟鸡蛋，加入一汤匙番茄酱的贝沙梅尔酱。重复以上操作，最后撒上格鲁耶尔干酪碎。入烤箱烘烤 25 分钟。撒上面包粉和少许蒜末，然后放入烤箱焗烤。

黄油蘑菇盅配藏红花米饭

准备时间：20 分钟

烹饪时间：25 分钟

- 蘑菇 4 个

- 蒜瓣 2 个
- 黄油 50 克
- 盐、胡椒粉
- 印度香米 200 克
- 长丝藏红花 1 克
- 洋葱 1 个
- 葡萄若干

砂锅中放入少许橄榄油（1 汤匙），洋葱切成碎末和藏红花一起放入锅中翻炒。放入香米并搅拌一小会儿使其呈漂亮的半透明状。放盐然后加入 3 马克杯水。盖上盖子文火煮 15 分钟，中途不时搅拌。如有需要，往锅中再添加水，煮成一锅香气四溢的金黄色米饭。

烤箱调至 200℃预热。将大蒜和蘑菇柄切成细末。将黄油熔化并加入 1 汤匙橄榄油，放入大蒜和蘑菇梗柄煸炒。接下来用炒好的馅料来填充蘑菇，并在里面加入葡萄。

蘑菇摆入烤盘，放入烤箱烤 10 分钟。搭配米饭食用。

自制汉堡

准备时间：10分钟

烹饪时间：5分钟

- 做汉堡用的圆面包4个
- 洋葱1个
- 生牛肉馅压成的饼4个
- 生菜叶4片
- 番茄2个
- 番茄膏1小罐
- 糖粉1/2咖啡匙
- 芥末1咖啡匙
- 待熔化的奶酪4片（用于法式三明治、汉堡……）
- 醋渍酸黄瓜若干

烤箱调至180℃预热来加热面包。

将小罐番茄膏与糖、芥末混合。加水2汤匙，醋渍黄瓜切成圆片，准备几片生菜，番茄切成薄圆片。打开奶酪，这样一切都准备妥当，可以"组装"汉堡包了。

汉堡很快就好，趁热吃更美味！这个时候可以大声招呼："开饭啦！"

把圆面包放进烤箱。

平底锅中放入少许橄榄油，将切碎的洋葱放入锅中翻炒。将牛肉饼与洋葱一起煎煮。

将面包从烤箱中取出，切成两半，切面涂上番茄酱和芥末，叠上1片生菜叶、1片番茄、1块牛肉饼、1片奶酪、几片酸黄瓜片，再合上面包。嗯，味道真不错！

鲜奶酪火腿卷

准备时间：5分钟

- 用来涂面包的原味鲜奶酪
- 火腿4片
- 圣女果
- 猕猴桃
- 长竹签若干

给火腿抹上鲜奶酪，向内卷成筒状，按2厘米长切成段并用牙签串起来。每个"烤串"再串上1颗圣女果和一片（去皮）猕猴桃。

肉酱千层面

准备时间：15 分钟

烹饪时间：20 分钟

- 千层面皮 1 袋
- 去皮番茄罐头 2 罐
- 番茄酱
- 洋葱 1 个
- 蒜瓣 1 个
- 罗勒
- 贝沙梅尔酱 1 大锅（或白酱，见 194 面）
- 牛肉馅 500 克
- 奶酪丝
- 盐、胡椒粉
- 普罗旺斯香草
- 橄榄油

烤箱调至 200℃预热。

将洋葱和大蒜切成细末。橄榄油入锅加热，放入大蒜和洋葱末翻炒，加入牛肉馅、罗勒、普罗旺斯香草和番茄，加盐和胡椒粉。翻炒 5 分钟，加入番茄酱和水。

肉必须滑嫩，因为烹饪时面会吸收肉中的汁液。

准备好白酱。

烤盘中倒入1大匙橄榄油，放上一层面糊，一层肉酱，一层贝沙梅尔酱，撒上盐和胡椒粉。重复上述步骤，直到装满烤盘。最后涂上一层贝沙梅尔酱，撒上奶酪丝。

放入烤箱烤20分钟。

如果分量足够做两份，可以冷冻1份下次再吃。盖上铝箔纸放入烤箱加热，15分钟即可出炉！

蔬菜千层面

准备时间：10分钟

烹饪时间：20分钟

• 一份杂烩菜
• 千层面皮1袋
• 白酱1大锅
• 马苏里拉芝士球1个

· 牛至

· 盐、胡椒粉

杂烩菜的做法很简单：砂锅中倒入橄榄油，然后依次放入1个洋葱切成的薄片、2个蒜瓣、1个甜椒和1个茄子切成的块，2个西葫芦、4个番茄、盐和胡椒粉，煮20分钟。杂烩菜必须要有足够的汤汁，必要时可加入一罐去皮捣烂的番茄。

烤箱调至200℃预热。准备好白酱。烤盘内倒入1汤匙橄榄油。将面皮、杂烩菜和白酱交替铺在烤盘内，直至铺满。

最后涂上一层白酱，并在上面摆上马苏里拉奶酪片。撒上牛至，放进烤箱20分钟。

三文鱼千层面

准备时间：15分钟

烹饪时间：20分钟

· 千层面皮1袋

· 烟熏三文鱼1小袋（2片）

· 新鲜三文鱼肉2块

- 白酱 1 大锅

- 奶酪丝

- 盐、胡椒粉

烤箱调至 200℃ 预热。

将新鲜三文鱼放入微波炉烤或平底锅中煎煮 2 分钟，这样更容易将其碾碎。在烤盘底部倒上一小层白酱，再铺上一层千层面皮，两片烟熏三文鱼，一层白酱，一层千层面皮，一层鲜三文鱼，一层白酱，一层千层面皮，一层鲜三文鱼……最后是白酱，然后撒上奶酪丝。烘烤 20 分钟！

穆萨卡

准备时间：20 分钟

烹饪时间：20 分钟

- 茄子 1 千克

- 牛肉 400 克

- 去皮番茄罐头 1 罐

- 洋葱 2 个

- 蒜瓣 3 个

- 格鲁耶尔干酪碎

- 酱汁（搭配薄荷也不错）
- 普罗旺斯香草
- 橄榄油
- 盐、胡椒粉

烤箱调至180℃预热。

茄子洗净纵向切开，码在烤箱的烤盘中，洒上大量的橄榄油，加入普罗旺斯香草。加盐和胡椒粉调味，烤25分钟。

同时，平底锅中倒入橄榄油并放入切好的洋葱煸炒，然后加入切好的牛肉馅煎5分钟。加盐和胡椒粉。放入去皮番茄罐头，搅拌，并继续煮5分钟。肉酱就制作好了。准备好白酱。

茄子烤好后，在烤盘里依次码上一层茄子，一层肉酱，一层白酱，一层肉酱，一层白酱……最上层是白酱，然后撒上干酪碎。放入烤箱烤20分钟。

娜娜比萨

准备时间：10分钟

烹饪时间：20分钟

- 比萨饼皮1个

- 番茄膏 1 小罐
- 去皮番茄罐头 1 罐
- 牛至
- 马苏里拉芝士
- 刺山柑花蕾

烤箱调至 200℃ 预热。将比萨饼皮摊开放入比萨盘。番茄膏与去皮番茄罐头混合搅拌（必要时可用搅拌机搅拌）。在比萨饼皮上涂上番茄膏，撒上牛至。

摆上马苏里拉奶酪片和刺山柑花蕾。放入烤箱烘烤 20 分钟！

菠萝咕噜肉

准备时间：10 分钟

烹饪时间：20 分钟

- 洋葱 1 个
- 猪大排 4 块
- 糖水菠萝罐头 1 罐
- 姜粉 1/2 咖啡匙
- 鲜奶油 1 汤匙

- 盐、胡椒粉
- 鲜薄荷叶

洋葱切成薄片，锅中加入 1 汤匙橄榄油后，洋葱入锅煸炒。猪排切成细条，放入洋葱中，加盐、胡椒粉，炒 10 分钟。加菠萝汁大火煮 10 分钟。撒入姜粉，放入菠萝块和奶油。撒上薄荷碎后食用！

炖牛肉

准备时间：30 分钟

烹饪时间：高压锅炖 2 小时，普通锅炖 3 小时

- 牛肉 1.5 千克
- 筒子骨 2 根
- 胡萝卜 6 个
- 大葱 3 根
- 土豆 4 个
- 白萝卜 4 个
- 洋葱 2 个
- 百里香
- 月桂叶
- 蒜瓣 1 个

- 丁香 3 颗
- 芹菜梗 1 根
- 盐、胡椒粉

洋葱去皮，放入丁香。

将切成块的牛肉、筒子骨、洋葱放入大炖锅或高压锅，加大量冷水没过食材。放入百里香、月桂叶、芹菜梗，再撒入满满 1 汤匙粗盐。开火炖煮 2 小时！高压锅只需 50 分钟即可。持续捞出表面的泡沫。

将蔬菜切成块（土豆除外）。炖煮后，将胡萝卜、白萝卜放入汤内继续炖 15 分钟。然后加入土豆（去皮的整个土豆），再煮 10 分钟。最后，加入大葱。继续炖 20 分钟！

将剩下的炖牛肉放入沙拉一起食用，真的很美味！蔬菜与肉汤混合的味道肯定让人倍感惊喜。

咖喱番茄鸡肉饭

准备时间：15 分钟

烹饪时间：20 分钟

- 鸡胸肉 4 块
- 咖喱粉（微辣）1 汤匙
- 洋葱 1 个
- 橄榄油
- 番茄
- 青柠檬 1 个
- 香菜
- 扁豆罐头 1 罐
- 椰蓉
- 鲜奶油
- 大米

锅中放入开水煮饭。饭熟静置备用。砂锅放油加热，高油温时加入 1 汤匙咖喱粉，速炸咖喱油，然后放入切好的洋葱和鸡胸肉丁翻炒。加盐，盖上盖子文火煮 10 分钟，中途不时搅拌。

番茄酸辣酱

番茄切成细丁，小洋葱头切碎，用青柠汁代替醋做成醋汁。

小扁豆酸辣酱

将准备好的小扁豆放入锅中加热。加入 1 汤匙鲜奶油和 1 汤匙椰蓉。

装盘。下面装米饭，上面放鸡肉，周围装配菜。如果喜欢的话，可以撒上椰蓉。整盘菜肴的颜色就变得非常丰富啦！

玉米泥

准备时间：10 分钟

烹饪时间：15 分钟

- 大号玉米罐头 1 罐
- 口感粉糯的土豆 2 个
- 盐
- 橄榄油 1 汤匙

土豆削皮切块，加 1 升盐水煮开。土豆煮 15 分钟，沥干。加入橄榄油并用叉子将土豆捣烂后放置一旁备用。打开玉米罐头，将玉米沥干后放入搅拌机中，加入土豆一起搅拌。最后放入锅中加热并不时搅拌。玉米泥就做好啦！

自制土豆泥（家族秘密食谱）

准备时间：15 分钟

烹饪时间：20 分钟

- 口感粉糯的大土豆 1 千克
- 洋葱 1 个（这是秘密……嘘！）
- 鲜奶油 3 汤匙
- 黄油 50 克
- 牛奶 1/2 马克杯左右
- 盐、胡椒粉
- 肉豆蔻

土豆削皮切块。砂锅加水加盐，洋葱去皮后整个放入盐水中煮开。加入土豆煮 20 分钟后沥干，取出洋葱。用土豆泥压榨器或叉子将土豆捣成"干"泥，然后加入牛奶、黄油和奶油！用手动打蛋器把土豆泥搅拌均匀。用少量肉豆蔻、盐和胡椒粉调味。

意式海鲜烩饭

准备时间：25 分钟

烹饪时间：30 分钟

- 冷冻海鲜 1 小袋
- 黄油 50 克
- 洋葱 1 个
- 蒜瓣 1 个
- 烩饭专用大米 300 克
- 鱼高汤 200 毫升
- 白葡萄酒 100 毫升
- 香芹 2 汤匙
- 鲜奶油 2 汤匙
- 帕尔马干酪碎
- 橄榄油
- 盐、胡椒粉

海鲜在锅中用大火煮 5 分钟，贝壳必须煮熟至壳打开。静置备用。

将洋葱和蒜片放入砂锅，用黄油煎 5 分钟。加入大米和 1 汤匙橄榄油，搅拌均匀。加入白葡萄酒并搅拌至完全蒸发。

逐渐倒入鱼高汤，搅拌至米饭完全熟透（这个过程可能需要15分钟）。

锅中倒入橄榄油和2瓣蒜瓣，炒海鲜。

将海鲜、鲜奶油、香芹和帕尔马干酪碎放入米饭中，继续煮2分钟，在这期间不停搅拌。意式海鲜烩饭新鲜出炉！

蜜汁三文鱼配西葫芦

准备时间：2分钟

腌泡汁：1小时

烹饪时间：20分钟

· 三文鱼肉4块

· 酱油4汤匙

· 蜂蜜（或枫糖浆）2汤匙

· 西葫芦4个

将三文鱼、酱油和蜂蜜放入冷冻袋封好，放入冰箱中腌制1小时。

烤箱调至200℃预热。将三文鱼与切成薄片的西葫芦摆在烤箱的盘子里，烤 20 分钟。

椰枣鸡肉塔吉锅

准备时间：20 分钟

烹饪时间：40 分钟

- 去骨鸡 1 千克
- 洋葱 2 个
- 葡萄
- 椰枣
- 蜂蜜 1 汤匙
- 混合香辛调味料
- 西葫芦 1 个
- 去皮番茄罐头 1 盒

橄榄油倒入锅中，放入切好的洋葱煸炒。然后放入鸡块煎熟，撒上香辛调味料（孜然、肉桂……）。加入切好的西葫芦、去皮番茄和香菜末。倒入 1 杯水，熬制 30 分钟。加入蜂蜜、椰枣和葡萄，再熬制 40 分钟。

番茄派

准备时间：10 分钟

烹饪时间：20 分钟

- 派皮面团或派皮
- 番茄膏
- 芥末 1 汤匙
- 糖粉 1 咖啡匙
- 番茄 4 个
- 盐、胡椒粉

烤箱调至 180 ℃预热。模具内壁刷油，派皮摊开，芥末和番茄膏混合搅拌。派皮底部抹上芥末番茄，加盐和胡椒粉。番茄切成薄圆片重叠排列在派皮上，轻轻撒上糖粉。放入烤箱烘烤 20 分钟。

也可以加几片奶酪，撒上牛至……

蔬菜派

准备时间：15 分钟

烹饪时间：30 分钟

- 派皮面团或派皮
- 胡萝卜 1 个
- 西葫芦 1 个
- 番茄 2 个
- 鸡蛋 3 个
- 龙蒿
- 盐、胡椒粉
- 奶油 100 毫升
- 格鲁耶尔干酪碎

面团擀开放入饼盘。烤箱调至 200 ℃预热。蔬菜去皮，切成小块蒸熟。奶油、切碎的龙蒿放入鸡蛋中，加盐和胡椒粉一起打散。蔬菜蒸熟后取出码在馅饼皮上，倒入打好的蛋液，撒上格鲁耶尔干酪碎后，放入烤箱烘烤 25 分钟。

趣味面包片

准备时间：15 分钟

烹饪时间：10 分钟

- 面包片
- 生火腿

- 干软的无花果丁
- 奶酪片
- 捣碎的番茄
- 大蒜
- 罗勒
- 马苏里拉芝士

每人供应 2 片面包（对于小客人，可将大片面包对半切成两份）。

烤箱调至 200℃预热。

面包片 1

面包片上抹上大蒜。摆上捣碎的番茄，然后再放上马苏里拉芝士片。撒上罗勒并淋上橄榄油。

面包片 2

火腿切成薄片，铺满面包片。放上无花果丁。最后，放上奶酪片，撒上胡椒粉。

放入烤箱烘烤十来分钟。趁热食用！

番茄盅

准备时间：20 分钟

烹饪时间：25 分钟

- 番茄 4 个
- 猪肉 300 克
- 蒜瓣 2 个
- 洋葱 1 个
- 香芹 2 汤匙
- 橄榄油
- 牛至
- 盐、胡椒粉

番茄洗净并将顶部环切。去瓤时不要将底部弄破。番茄瓤备用。小洋葱头和蒜瓣切成末。猪肉中撒上盐和胡椒粉搅拌。填入番茄。

烤盘底部放入番茄瓤，撒上牛至和 2 汤匙橄榄油。摆好填馅番茄，放入烤箱烘烤 15 分钟！淘米，沥干并倒入烤盘中。番茄和米一起再烤 10 分钟。软乎乎的番茄盅就做好了！

米饭番茄盅

准备时间：15 分钟

烹饪时间：45 分钟

- 番茄 8 个

- 鸡蛋 3 个
- 长粒米 8 汤匙
- 蒜瓣 2 个
- 牛至或普罗旺斯香草
- 橄榄油 4 汤匙
- 番茄膏 4 汤匙
- 干酪碎 2 汤匙
- 盐、胡椒粉

按包装上的说明用水煮米饭。鸡蛋用水煮熟后剥壳。番茄洗净并将顶部环切。去瓤时不要将底部弄破。

将番茄瓤、捣碎的煮鸡蛋、捣碎的蒜瓣和香草末拌入米饭中。加入 2 汤匙油、帕尔马干酪和一半番茄膏。加盐和胡椒粉。将准备好的米饭填入番茄并摆在烤盘内。

淋上剩余的橄榄油。将剩下的番茄膏倒入盘底并加 1 杯水。撒满牛至或普罗旺斯香草。

放入烤箱，调至 180℃ 烤 45 分钟。

路易斯安那州风味猪排

准备时间：1小时15分钟（其中静置时间1小时）

烹饪时间：20分钟

- 猪排骨 1.3 千克
- 蒜瓣 2 个
- 芥末 2 汤匙
- 浓缩番茄酱 1 小罐
- 蜂蜜 2 汤匙
- 伍斯特酱 1 咖啡匙
- 白酒 100 毫升
- 橙汁 100 毫升

将排骨放入盐水中煮15分钟，然后沥干水分，放入盘中备用。

用蒜蓉、芥末、番茄酱、蜂蜜、伍斯特酱、橙汁和白酒制作腌泡汁。将腌泡汁倒在排骨上腌制1小时。烤箱调至180℃预热。将腌制好的排骨放入烤盘并淋上少量腌泡汁，放入烤箱烤20分钟。根据需要也可中途多次加腌泡汁，注意排骨必须一直泡在腌泡汁中。可搭配土豆和玉米食用。

蔬菜炒小牛肉配荞麦面

准备时间：20 分钟

烹饪时间：15 分钟

- 小牛肉薄片 3 块
- 西葫芦 1 个
- 胡萝卜 2 个
- 菠菜嫩苗 200 克
- 蒜瓣 1 个
- 酱油 1 汤匙
- 糖粉 1/2 咖啡匙

胡萝卜、西葫芦削皮，切成细条。小牛肉片切成丝，大蒜切碎。橄榄油 1 汤匙入炒锅加热，放入一半的蒜末和肉，煸炒 5 分钟。快起锅前放盐，防止肉质过老。盛起来备用。

刷锅。锅内再放入 1 汤匙橄榄油加热，放入另一半蒜末和胡萝卜煸炒。洒入酱油，加糖粉，煸炒 2 分钟。放入西葫芦丝继续煸炒 2 分钟。最后，倒入肉和菠菜苗。

可搭配荞麦面或意大利面一起食用！

饭后甜点

香蕉混合果汁饮品

准备时间：10分钟

- 香蕉1根
- 橙子3个
- 草莓6～7个
- 柠檬1个
- 冰块

将所有材料放入搅拌机搅拌10分钟。放入冰块，趁表面泡沫多时用吸管饮用。饮料很快就会被一饮而尽！孩子们几分钟就能喝完1杯！

奶油鸡蛋糕

准备时间：15分钟

烹饪时间：45分钟

- 鸡蛋8个
- 糖粉120克
- 牛奶1升
- 液体奶油200毫升

- 香草糖 1 包
- 液态焦糖

烤箱调至 150℃ 预热。

将牛奶、奶油和香草糖一起煮沸。鸡蛋打入碗中，加入糖粉。牛奶趁热倒入蛋液中。焦糖覆盖整个蛋糕模具的底部，然后倒入蛋液填满。隔水烤45 分钟。

可以用刀插入糕体检查，如果刀尖出来时很干净就说明蛋糕已做好！

椰子奶油蛋糕

准备时间：35 分钟

烹饪时间：25 分钟

- 鸡蛋 5 个
- 糖粉 100 克
- 牛奶 1/2 升
- 香草糖 1 包
- 椰蓉 3 咖啡匙

牛奶中加入香草糖煮沸，烤箱调至 180℃ 预热。

打鸡蛋至一个容器内，加入糖粉和椰蓉，蛋液打散直至出现许多气泡，再倒入热牛奶，同时用打蛋器搅拌。将混合液倒入小蛋糕模具，将模具放入装有沸水的盘内，隔水烤 25 分钟。

听到模具在盘内"颤动"的声音时，即表示蛋糕已做好！

西葫芦蛋糕

准备时间：25 分钟

烹饪时间：50 分钟

- 大号西葫芦 1 个或小号西葫芦 2 个
- 鸡蛋 4 个
- 糖粉 1 马克杯
- 面粉 2 马克杯
- 牛奶 1.5 马克杯
- 黄油 75 克
- 香草糖 1 包
- 食盐少许

西葫芦洗净，削皮。将其切成两半，用小勺挖出瓤后切成小块，放入盐水中煮熟。

在准备过程中，将西葫芦块用滤网沥干。烤箱调至 200℃ 预热。

鸡蛋打入碗中，加入糖粉和香草糖，打散。逐渐加入面粉、牛奶和熔化的黄油。

用搅拌机把西葫芦打成泥，然后加到调好的面糊中，再将其倒入内壁抹了黄油的烤盘。

烘烤 50 分钟。当刀尖从蛋糕中抽出来刚好是干的时，就说明蛋糕烤好了！

现在孩子们会爱上吃西葫芦的！

米糕

准备时间：25 分钟

烹饪时间：35 分钟

- 牛奶 1 升
- 糖 100 克
- 香草糖 1 包
- 圆粒米 100 克
- 1 个橙子的皮
- 鸡蛋 3 个

平底锅中倒入牛奶，加入橙子皮屑（已去除白色部分）、糖和米，一边煮一边搅拌。牛奶开始沸腾时，立即调成文火煮20分钟左右，不时搅拌，防止米饭粘锅底。鸡蛋打散后加入煮熟的米饭，用力搅拌均匀，然后倒入内壁涂有黄油的烤盘。入烤箱200℃烘烤15分钟。

粗麦蛋糕

准备时间：15分钟

烹饪时间：50分钟

- 牛奶0.5升
- 糖粉100克
- 液态焦糖
- 半个橙子的皮屑
- 粗面粉100克
- 葡萄干100克
- 鸡蛋4个

烤箱调至200℃预热。蛋糕模具底部涂上焦糖。葡萄干放入少量温水中，吸水软化。

牛奶、糖粉和橙子皮屑放入平底锅加热，加入粗面粉，煮至足够浓稠。将鸡蛋打散，与葡萄干一起放入面粉中，用力搅拌！

将面糊倒入模具，放入烤箱烤45分钟左右。如果一出炉就取下模具，这时焦糖会滴下来！我知道蛋糕很诱人，但要忍住，至少得等孩子们回来一起食用！

惊喜荷包蛋

准备时间：5分钟
- 打发的白软干酪
- 糖粉2汤匙
- 1小罐糖水杏（对半切成两半）
- 肉桂粉

白软干酪加糖粉打发。准备甜点碟。

白软干酪像鸡蛋的蛋白一样铺在盘子上，杏子放在白软干酪的中央（当作蛋黄），再撒上肉桂粉，因为它有类似胡椒粉的奇妙味道。食用时注意提醒孩子："宝贝们，注意烫！"

小杯装白软干酪配芝士风味饼干

准备时间：20 分钟

静置时间：15 分钟

- 饼干 8 块
- 奶酪 1 罐
- 柠檬酸奶 1 杯
- 草莓 6 个
- 香草糖 1 包
- 糖粉 2 汤匙
- 玻璃杯若干个

饼干碾碎。草莓切成小块并用香草糖腌制。将奶酪与柠檬酸奶、糖粉混合搅拌均匀，制成柠檬奶油。

各玻璃杯依次装入：一层饼干碎、一层柠檬奶油，一层草莓，一层饼干碎，一层柠檬奶油……

放入冰箱冷冻室冷冻 15 分钟，或在冰箱中冷藏至少 30 分钟。趁凉食用，百分百成功！

摩曼特制布丁

准备时间：15 分钟

烹饪时间：30 分钟

- 1 大碗切成小块的面包
- 脱脂牛奶 1.5 升
- 苹果 4 个
- 糖粉 100 克
- 葡萄干
- 朗姆酒 1 汤匙
- 鸡蛋 1 个
- 肉桂（如果喜欢的话）

沙拉碗中倒入牛奶至没过面包块，让面包吸收牛奶，然后用叉子碾碎，加糖。将葡萄浸泡在朗姆酒和少许温水中。

烤箱调至 200 ℃预热。将 4 个苹果（或其他时令水果）削皮切成小块，放入沙拉碗中，加入洗净沥干的葡萄干。

打入鸡蛋，加入肉桂粉一起打散搅拌。烤盘内壁抹上黄油，倒入混合液，放入烤箱烘烤 30 分钟。

孩子们的提拉米苏

准备时间：15 分钟

静置时间：15 分钟

- 饼干 10 块
- 新鲜酸乳酪 4 杯
- 糖粉 2 汤匙
- 香草糖 1 包
- 咖啡粉 2 咖啡匙
- 水 100 毫升
- 4 颗小草莓

新鲜酸乳酪与糖粉混合。饼干碾碎放入杯底。将咖啡粉倒入少量热水中，用来将饼干浸湿。加入甜味新鲜酸乳酪，最后加几块饼干屑。放入冰箱冷藏 15 分钟，在上面装饰一颗草莓就可以吃了！

食谱索引

正餐

饭后甜点